提案書・企画書の基本がしっかり身につく本

絶対に採用される書き方とは？

富田眞司
TOMITA SHINJI

かんき出版

※本書は、二〇〇五年に刊行した『提案書・企画書がスラスラ書ける本』を再編集したものです。

はじめに

7つの工夫で初めての提案書・企画書づくりが楽々できるようになる

相手が納得するようにアイデアを論理的にまとめる

提案書や企画書と聞いたとたんに、「書くのが苦手」とか「難しいな」と逃げ腰になる人がいます。しかし提案も企画も、あらゆる仕事について自分の考えをまとめることですから、それが嫌いというなら仕事をすることもできません。

まして、成熟社会で新規需要が増えない今、提案なくして、仕事は取れません。今ほど提案書・企画書が必要な時期はないでしょう。

誰でも、仕事のなかで「ああしたい」「こうすればよいのに」「もっといい方法があるはずだ」と考えることは、数限りなくあるはずです。

そうした意見や願望、アイデアを相手が納得するように、論理的にまとめる作業が提案書・企画書づくりです。

ですから、提案や企画では、相手を説得するプロセスが大切になります。ただ単にアイデアを羅列しても、内容がしっかりと伝わらず、説得することはできません。

しかし、いざ企画をまとめようとしても、苦手意識があったり、書き慣れていないと、時間ばかり費やされやすいのも事実です。

提案書・企画書づくりが苦手な人のための7つの工夫

本書では、苦手意識をなくし、できるだけスムーズに提案書・企画書を書くことができるように、次のような7つの工夫を行いました。

①提案書と企画書を目的で使い分ける

1つ目は、提案書と企画書とをあえて使い分けるようにしました。目的に合わせて、比較的簡単に提案できる提案書と、しっかり決める企画書とを使い分けできるような工夫をしました。

これにより、初めての人も手軽に提案・企画ができるようになります。

②苦手意識をなくす2つの切り口

2つ目は、苦手意識を克服するための対策として、なぜ苦手なのかの分析とその対応として、「提案能力」の向上と「提案の3要素」の2つの切り口から対応策を提案しました。

③10の定番フォーマット

3つ目は、簡単に書けるように、どこでも使える汎用性の高い10の定番「フォーマット」を用意しました。文章型提案、図表型プラン、1枚で書く提案、数枚で書く提案などを活用すれば、目的にふさわしいものがすぐにでも書けるようになります。

④3つの構成要素をもとに書き進める

4つ目は、提案書・企画書の構成要素を3つにまとめ、それに沿って書くようにしたことです。それによって、誰でも迷わずに書き進めることができます。

⑤15の事例とポイント

5つ目は、社内プランと取引先企業向けプランに分け、15の事例を用意しました。項目ごとに提案のポイントを明記しました。

自分が提案したい分野の提案事例があれば、それを活用することでスピーディに提案書・企画書づくりが可能になります。

⑥採用される5つのノウハウ

6つ目は、筆者が長年にわたり実施してきた実績から、「採用される提案書・企画書づくりのノウハウ」を5つにまとめました。

⑦提案づくりのデータベース

7つ目は、本書で取り上げた豊富なデータベースです。そのまま提案に活用できるデータは、どこに掲載されているかひと目でわかるように、目次に掲載しました。

これらの対策により、初めての方はもちろん、提案書・企画書づくりを苦手としていたあらゆる人たちが、提案書・企画書がスラスラ書けることを目指しました。

2015年2月

富田眞司

（注）なお、事例に登場する提案書・企画書はサンプルとして作成したもので、書かれた内容、数値などは実際にあるものとは限らない。

目次

提案書・企画書の基本がしっかり身につく本

PART 2

提案書・企画書が採用されるポイント

PART 3

実践！提案書・企画書「定番」フォーマット10

提案書フォーマット【Cタイプ：初級】総合提案結論型

提案書フォーマット【Dタイプ：初級】総合提案論理型

提案書フォーマット【Eタイプ：中級】総合商品提案結論型

提案書フォーマット【Fタイプ：中級】総合事業提案結論型

02 提案書・企画書フォーマット(G〜J)

提案書・企画書フォーマット【Gタイプ：初級】簡潔文章提案論理型

提案書・企画書フォーマット【Hタイプ：中級】総合文章提案論理型

提案書・企画書フォーマット【Iタイプ：上級】簡潔総合提案論理型

提案書・企画書フォーマット【Jタイプ：上級】総合提案論理型

PART 4

提案書・企画書は、3つの構成要素でまとめる

PART 5 すぐ使える！社内での提案書・企画書事例

PART 6

すぐ使える！取引先企業への提案書・企画書事例

提案書・企画書づくりに活用できる図表データベース集

カバーデザイン：穴田淳子（ア・モール デザイン ルーム）
本文デザイン・図版：玉造能之、梶川元貴（デジカル）

提案書・企画書の作成ステップ

現状分析をして課題を発見し、
たくさんのアイデアを出す

ねらい、目的、コンセプトなど
課題にあった基本方針を
ひとつのタイトルに絞り、
提案の流れをつくる

「提案書を作成する」

具体的な実施プランを
作成する

費用・効果を作成する

企画書を完成させる

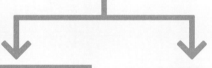

PART 1

苦手意識をなくすと
提案書・企画書が迷わず書ける

01 提案書・企画書が書けないとビジネスで大損をする

なぜ、提案書・企画書が求められるのか

ビジネスであらゆる業務を推進していくのに欠かせないのが、提案・企画です。提案・企画を提案書・企画書にしなければならないのには、次のような理由があります。

- **単に考えを口頭で話しただけでは、実行もされず何の役にも立たない**
- **提案書・企画書はいったん提出すると一人歩きし、知らない人にも読まれて判断される**

提案・企画が口頭でなされただけでは、その場だけの話題で終わり、誰が何の提案・企画をしたのか忘れられてしまいます。

上司や取引先企業から評価されることもなく、アイデアを他社にとられ、大きな仕事を逃した、大損したというケースは数多くあるのです。

一方で提出した提案書・企画書は、申請書や稟議書などに添付されるため、内容に責任が生じます。ですので相手先の要望に沿うなどの要件を満たしたものでなければなりません。

なぜ、提案書・企画書が必要なのか?

理由その①
口頭での提案は、忘れられる

- 誰が提案したのかがわからなくなる
- 「ただの情報提供」で、提案にはならない

→だから、提案書にして提出する

理由その②
提案書・企画書が一人歩きする

- 社内での「申請書や稟議書」に添付される
- 提案内容に責任が生じる

→だから、しっかりした内容を書く

提案書・企画書に対する苦手意識をなくそう

仕事のうえで、「自分がこうしたい」と考えたことを具体的に書類としてまとめたのが提案書・企画書です。

ところが、仕事に不可欠な提案書・企画書づくりに対して、自信がないという人が相当に多いのも事実です。私のこれまでの感覚で言えば、5人のうち2〜3人くらいが苦手意識をもたれていると思います。

苦手な理由を考えると、まず書類として扱われるため一定の要件を備えることが必要であり、内容に責任が生じることがあげられるでしょう。

どのようにして書いていいかわからない、また無責任なことを書くわけにはいかないという思いが強くなると、苦手意識が強まっていきます。

次に、アイデアづくりに対する苦手意識です。

提案・企画する以上は、その内容にユニークさが求められるのも確かです。目新しくて人に関心をもたれるアイデアを考え出す自信がない、というのも大きな理由になっています。

本書では、こうした苦手意識を解消するヒントを解説しました。提案書・企画書づくりに自信がもてるようになるでしょう。

企画書づくりに自信がない人が多い

理由1
内容に対する責任

「無責任なことを書くわけにはいかない」というプレッシャーが生じる。

理由2
アイデアづくりに対する苦手意識

人の関心を惹くアイデアを考え出す自信がもてない。

本書を読むことで、解消される！

提案書・企画書の1次効果と2次効果

自分の考えを提案書・企画書にまとめると、どのような効果が生まれるのでしょうか。

これには、1次効果と2次効果があります。まず、提案・企画すること自体で生まれるのが1次効果で、次のようなものです。

- **あなたの能力を他人にアピールできる絶好の機会**
- **あなたの能力が客観的に評価される**

それだけではありません。提案書・企画書が採用されることによって、次のような2次効果が生まれます。

- **新しい業務やプロジェクトが生まれ、社内であなたの評価が高まる**
- **取引先企業から仕事としてあなたの会社に発注され、あなたに対して提案能力があるという評価をしてくれる**

それでは、採用されなければ効果はまったく生まれないのでしょうか。

そうではありません。たとえそのときは採用されなくても、「必要なときに有益な提案をしてくれる人だ」というあなたに対する評価は残ります。そのため、取引先企業で何か業務で困ったことが生じたときに、真っ先にあなたへ提案の相談をもちかけられる可能性も大きいでしょう。

提案書・企画書の効果には2つある

1次効果：提案することで…

- 能力をアピールできる
- 評価される

2次効果：提案が採用されれば…

取引先企業の場合

- 発注される
- 「提案する力がある」と評価される

社内の場合

- より評価が高まる
- 会社に貢献できる

02

あらゆる組織・部署で提案・企画が求められている

営業にも経理にも、提案書・企画書づくりが必要とされる

提案書・企画書を書くのは、企画部門やマーケティング部門など、企画マンといわれるような人だけがする仕事だと思われがちです。しかし、提案書・企画書が求められる人は、次のように組織や部署、地位などまったく関係ありません。

- **民間企業はいうまでもなく、官公庁や団体など、あらゆる組織**
- **経営企画、営業、総務、経理、商品企画、製造、技術、IT、仕入れ、マーケティングなどありとあらゆる部署**
- **役職や社歴とも関係なく、経営者から新人まで、すべての人たち**

営業で働く人にも経理の仕事をする人にも、提案・企画は等しく求められています。

また、社長だから役員だから部長だから必要がないとはいえません。なぜなら、一部の部署や地位の人だけが仕事を生み出し、業務を改善していくわけではないからです。

提案書・企画書が必要とされるのは

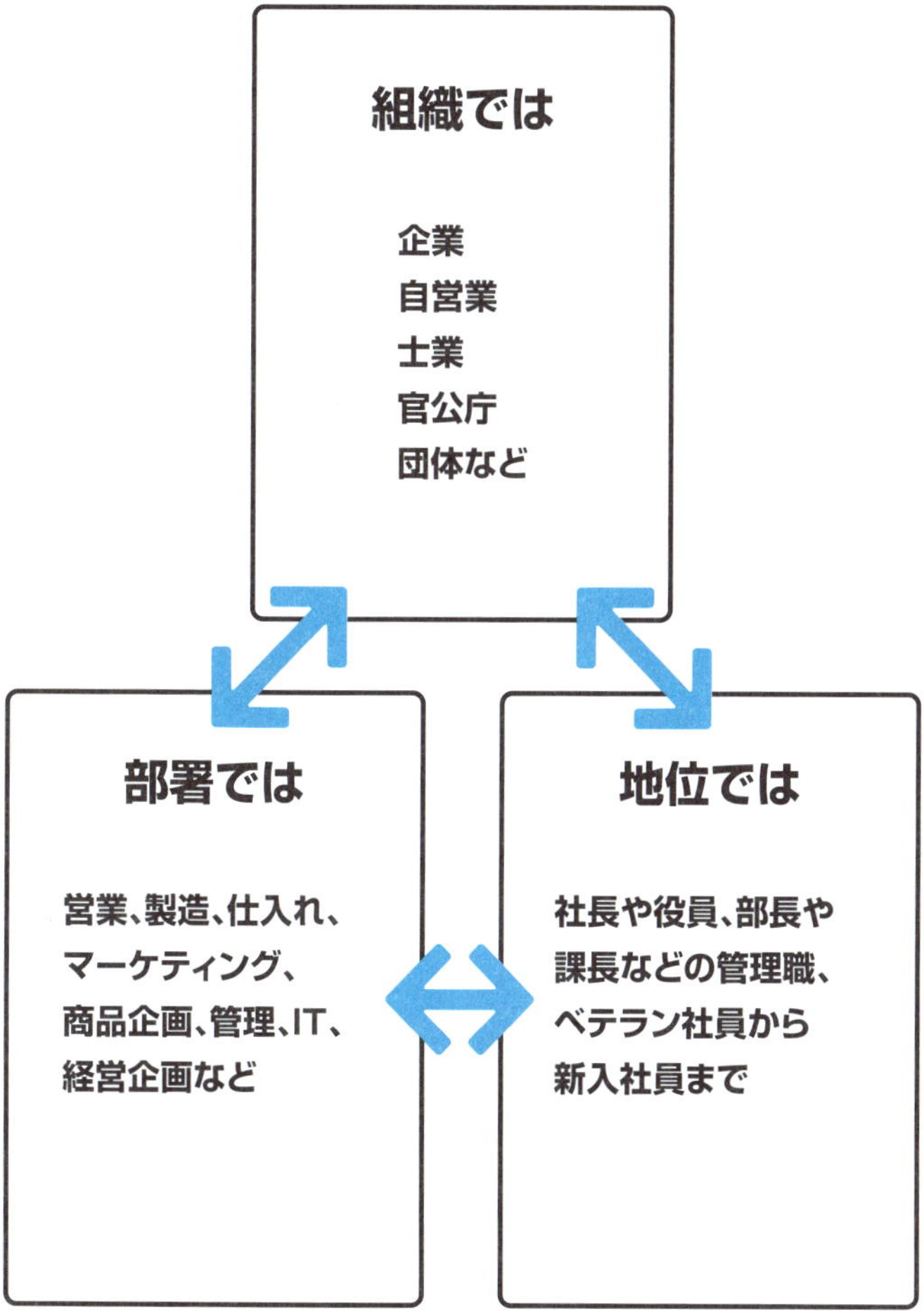

古い営業タイプから新しい営業タイプへ

企業は不況の今、あらゆる部署で積極的に提案・企画できる社員を求めています。提案できない受け身型の社員は、不要になりつつあります。

営業という職種を見てみましょう。古い営業タイプに、暇つぶし営業や御用聞き便利屋営業がありました。成長時代には自然に仕事が増えていたため、それでも十分通用しました。また、今でも存在するのかもしれませんが、押し売り営業という古いタイプもあります。

昔ならこうしたタイプでも、優秀な成績を収めることができたのかもしれません。しかし成熟時代の今に、押し売り営業では面会もしてくれず、まして仕事がとれるものではありません。それでは新しい営業タイプとはどのようなものでしょうか。

- **取引先企業に対して常に情報収集を怠らず、タイミングよく提案書・企画書を提出する**
- **取引先企業の問題点を解決することで喜ばれ、取引先企業の売上拡大とともに自社も収益をあげていく**

というものでなければなりません。これが「マーケティング営業」「提案型営業」「コンサルティング営業」です。提案力・企画力のある営業社員であれば、営業活動をしなくても取引先企業から困ったことがあると、真っ先に相談されるようになります。

営業スタイルはコンサルティング営業へ

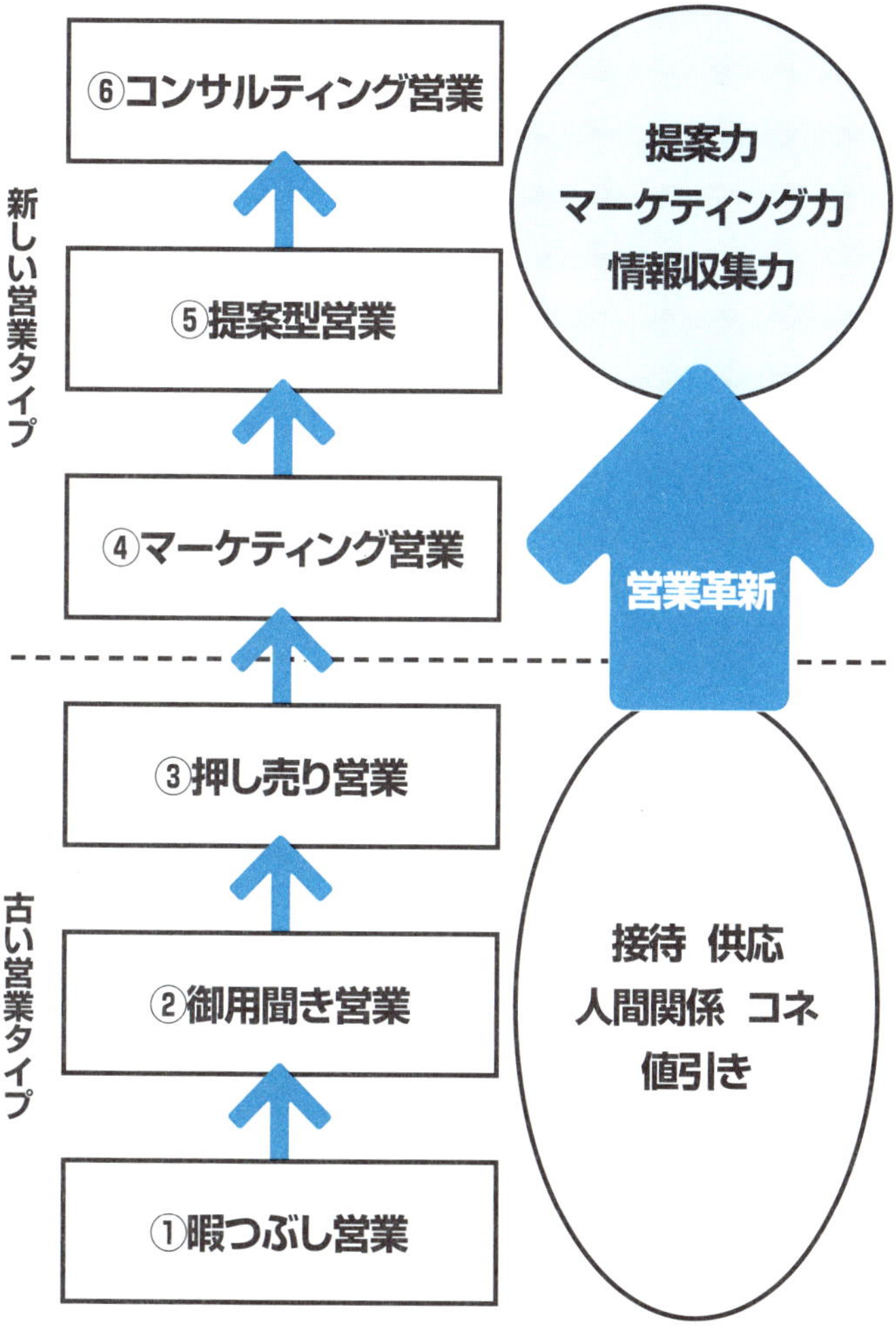

03

提案書・企画書の違いは何か

方向性だけを示すか、実行内容まで示すか

提案書と企画書は何が違うのでしょうか。ビジネスの場では両方の言葉を使いますが、厳密にどう違うかの定義や使い分けはとくにありません。イメージとしては、

- **提案書は、アイデアレベルから、もう少し詰めて解決の方向まで示したもの**
- **企画書は、提案書をさらに具体化し、解決方法を実施できる内容にしたもの**

といえます。提案書は、それほど形式ばって詳しく書かなくても提案の要件を満たしていればよいので、比較的書きやすいでしょう。一方、企画書は、より具体的な内容になると同時に、裏づけ資料、実行した場合の費用、効果などの要件を満たしたものをさします。

しかし、実際のビジネスの場面では、それぞれに対して抱かれるイメージは重なります。

本書では、提案をより効果的に実行できるようにするために、あえて「提案書」と「企画書」の使い分けを左の表のように明確にしてあります。

提案書と企画書はこう違う

	提案書	企画書
内容	●解決のアイデアレベルから方向性をまとめ、書類にしたもの。	●解決のアイデアを具体的な内容にし、実行できるようにまとめたもの。
提案内容	●とくに規定はない。必要に応じて、項目を選ぶことができる。	●決められた項目を入れる。企画書づくりの項目に従い書く。
書きやすさ	●目的、用途に合わせ手軽に、しかも比較的簡単に書けそうに感じる。	●企画書というと書くのが大変というイメージが強く、構えてしまう。

こうやって提案・企画は実現していく

前述したように、提案書と企画書は実際には厳密な使い分けをされていません。しかし、「企画書は苦手だけど、提案書なら書けそうだ」という人もいます。これは、提案書なら比較的簡単に書くことができ、企画書となると書くのがかなり大変だと理解されているからでしょう。

本書では、提案書と企画書を使い分けていますが、次のような流れでとらえています。

1．アイデアレベルの口頭説明をする

2．提案書の形にして方向を示す

3．企画書として実施できるように具体化する

実行段階では、計画書を作成する場合もあります。ただビジネスの現場では、このように提案書、企画書、計画書という順序で、明確に区別されて進むとは限りません。口頭説明を経て企画書をつくる場合もあれば、提案書を提出してから計画書をつくる場合もあるでしょう。計画書がなくて、企画書だけで実行されることもあります。

出版されている書籍には企画書に関するものが多く、提案書・企画書と併記した書籍でも、企画書に準ずる解説が多くなっています。それでも、提案と企画を区別して、その流れを理解しておくことは大切なことです。

提案・企画から実現までの流れ

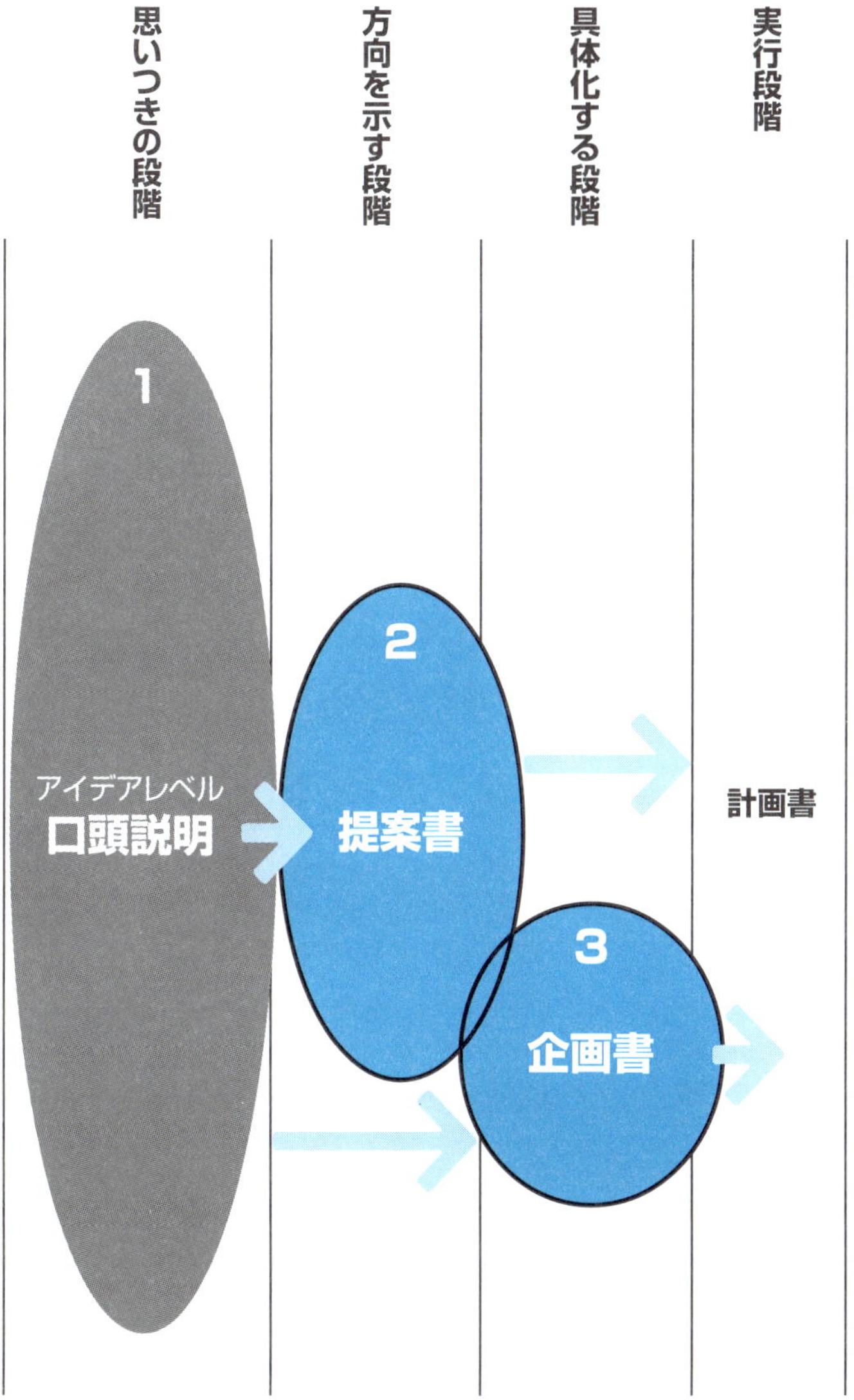

提案書は結論から先に書くことが多い

アメリカでも日本と同様に、提案書と企画書の使い分けはあまり明確ではありません。それでも、提案書を「プロポーザル」、企画書は「プラン」といっています。

- **プロポーザルは、取り組みの要点をメモしたものなどを用いて、構えずに実施できる**
- **プランは、基本的な考え方を提案するもので、最終提案を意味し、後で書き直しや修正・変更が難しくなる**

プロポーザル（提案書）にはプレゼンテーション（企画書を発表する場）はありません。プレゼンテーションで使用した書類、企画書のことをプレゼンテーションドキュメントといいます。またレコメンデーションという言葉も用いられ、これは複数案を出した際の、お勧め案をさします。

アメリカ式の書き方で特徴的なのは、「結論から書く」ことに徹していること。結論から先に述べ、「その理由は…」という形で説明する方法で、論旨がより明確になります。

日本では、理由を先に説明し最後に結論を述べる論理展開で提案する方法が、以前まで多くとられてきました。それぞれにメリットがあります。

提案・企画する相手や状況、シーンなどに応じて、上手に使い分けると効果が高まります。

背景と結論の書き順

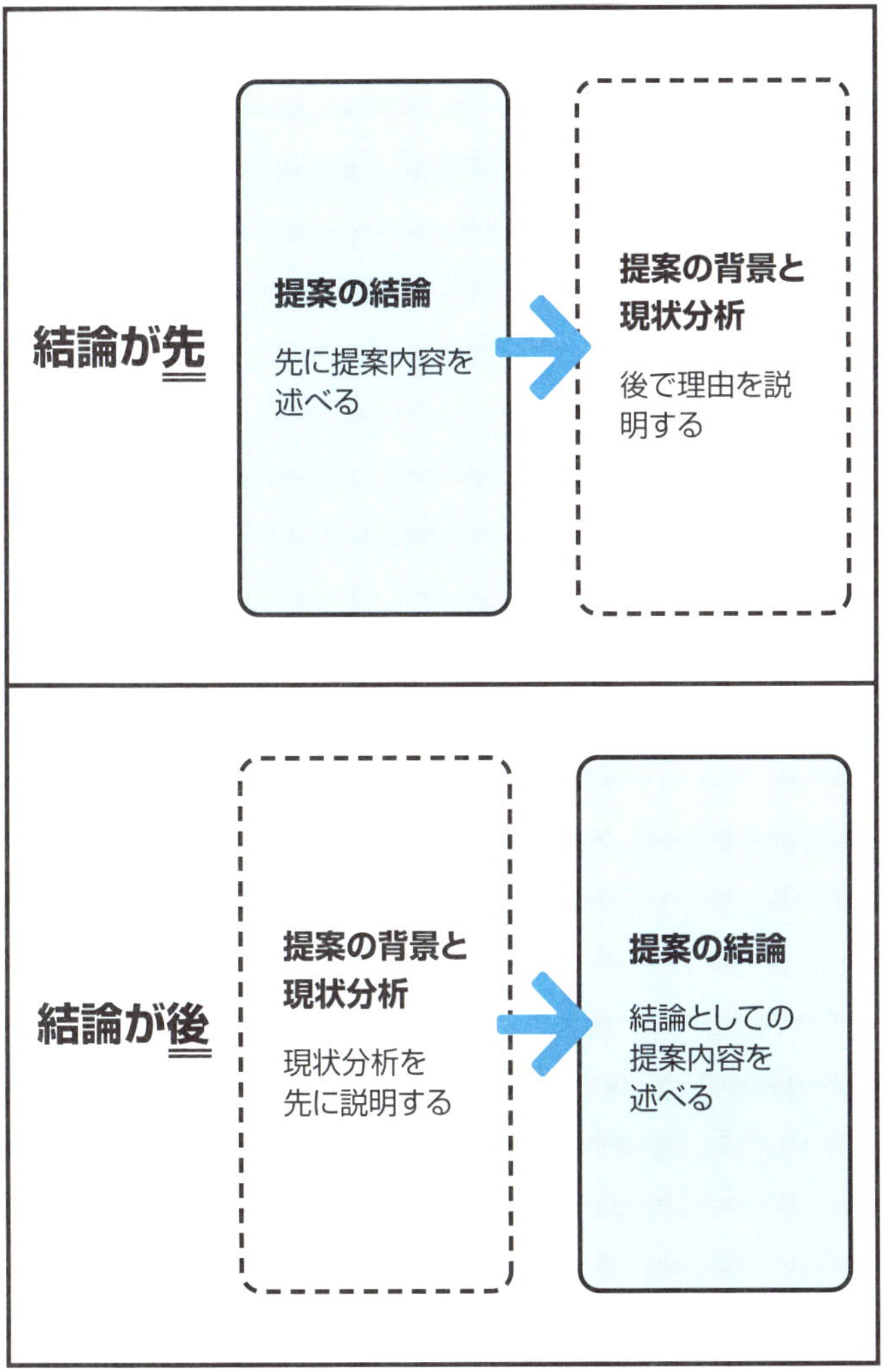
結論が先
提案の結論
先に提案内容を
述べる
提案の背景と
現状分析
後で理由を説
明する
結論が後
提案の背景と
現状分析
現状分析を
先に説明する
提案の結論
結論としての
提案内容を
述べる

04 提案・企画のチャンスはこんなにある

社内提案・企画で会社を元気にしよう

課題をきちんと把握していないと、効果的な社内提案・企画はできません。課題は社内にたくさんあり、自ら進んで提案・企画を行うチャンスをつくり出していきましょう。

- 意思決定のスピードアップ（フラットな組織、役職破壊、権限委譲など）
- 顧客ニーズにあった組織づくり（情報の共有化、スピードアップなど）
- 人材の活用（高齢者、女性、若手社員、派遣社員など）
- 社員のスキルアップ（営業部門：新規開拓・営業力強化、各部門の能力強化など）
- 経費の削減、業務効率のアップ（IT化推進、経費の見直し、人件費の見直しなど）
- 顧客満足度のアップ（既存顧客の囲い込み、クレーム対策強化など）
- 個人情報保護法対策（データ管理の徹底、セキュリティ対策など）
- 環境問題への対応（商品、梱包、ゴミなど）

社内では、こんなに提案のチャンスがある

社内提案のチャンス

- **意思決定のスピードアップ**
  フラットな組織、役職破壊、権限委譲など
- **顧客ニーズにあった組織づくり**
  情報の共有化、スピードアップなど
- **人材の活用**
  高齢者、女性、若手社員、派遣社員など
- **社員のスキルアップ**
  各部門の能力強化。営業部門では新規開拓、営業力強化など
- **経費の削減、業務効率のアップ**
  IT化推進、経費の見直し、人件費の見直しなど
- **顧客満足度のアップ**
  既存顧客の囲い込み、クレーム対策強化など
- **個人情報保護法対策**
  データ管理の徹底、セキュリティ対策など
- **環境問題への対応**
  商品、梱包、ゴミなど

取引先企業への提案・企画にも多くのチャンスがある

取引先企業への提案・企画は、相手からの依頼もありますが、ビジネスチャンスを広げる自主提案をどんどん行っていくべきです。

では、どのような提案・企画が可能になるか、いくつか一般的な課題をあげてみました。これをもっと自分の仕事に具体的に掘り下げていくようにします。自分が最も自信があって精通した得意な分野で行うと、アイデアもいろいろと広がっていくでしょう。

- 顧客開拓（新規顧客開拓、需要創造など）
- 顧客管理（囲い込み、IT活用など）
- 規制緩和、規制強化（個人情報保護法対策、ペイオフ対策、構造改革特区対策など）
- 新手法開拓（新しいマーケティング手法の導入、新インターネット手法の導入など）
- 集客（集客イベント、エリアマーケティング対応、天候異変への対応など）
- 広告・販促活動の見直し（マス広告、DM、チラシ、IT媒体など）
- コラボレーション（異業種協働、同業種、同対象、同コンセプトなど）
- 環境対応（安全、安心、ゴミなど）
- コストダウン（一括購入、ネット活用による公開入札、発注システムの合理化など）

取引先企業に対しても多くのチャンスがある

取引先企業への提案チャンス

- **顧客開拓**
新規顧客開拓、需要創造など

- **顧客管理**
囲い込み、IT活用など

- **規制緩和、規制強化**
個人情報保護法対策、ペイオフ対策、構造改革特区対策など

- **新手法開拓**
新しいマーケティング手法の導入、新インターネット手法の導入など

- **集客**
天候異変への対応、エリアマーケティング対応、集客イベントなど

- **広告・販促活動の見直し**
マス広告、DM、チラシ、ネット広告など

- **コラボレーション**
異業種協働、同業種、同対象、同コンセプトなど

- **環境対応**
安全、安心、ゴミ、梱包など

- **コストダウン**
一括購入、ネット活用による公開入札、発注システムの合理化など

05

「依頼提案」と「自主提案」の違い

仕事を積極的に生み出す「自主提案」が主流となる

提案・企画には、次の2種類があります。

- **相手から依頼されて行う「依頼提案」**
- **依頼とは関係なく、自主的に行う「自主提案」**

上司や取引先企業から提案・企画を依頼されるチャンスは、ますます限られるようになっています。従来型の依頼提案はどんどん減少しているのが現状です。

今後の傾向として、必要に迫られて、きわめてレベルの高い内容の依頼が上司や取引先企業から求められるでしょう。しかし、それ以外の依頼提案が発生する機会はごくわずかになっていくことは間違いありません。

これから主流になるのは自主提案です。提案・企画を自主的に行わない限り、仕事が生まれていくことはありません。自分からどしどし推し進めていくようにしましょう。

時代は、依頼提案から自主提案へ

	依頼提案	**自主提案**
これまで	上司や取引先企業からの依頼提案は多かった 	あまり、多くなかった 
これから	上司や取引先企業からの依頼提案は少なくなる 	ますます増加していく 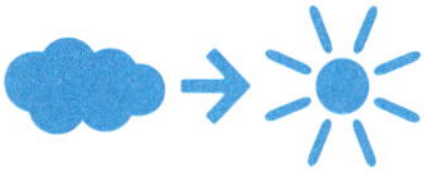

受け身の「依頼提案」、自分から攻める「自主提案」

依頼提案と自主提案の顕著な違いは、依頼提案が受け身なのに対して、自主提案は自分から攻めるところにあります。このような違いが生じるのはどうしてでしょうか。

同じような業務が継続して発生する仕事環境では、何をしたらよいかという課題がある程度はっきりしています。つまり、仕事上で次に何をすべきかという状況が見えやすく、上司や取引先企業も提案の依頼がしやすいのです。

それに対して、上司や取引先企業も、何をどう進めていってよいか仕事の状況が見えにくければ提案の依頼がしにくくなります。

- **依頼提案は課題が明確なのに対し、自主提案は自分で課題をつくらなければならない**
- **成長期に多かった依頼提案に対し、不況期では自主提案を行うチャンスが増える**
- **競合が多い依頼提案に対し、自主提案は単独で行う**
- **取引先企業に対する自主提案は、内容がよくなければ発注されることはない**
- **自主提案は自分の能力を見せる場にもなる**

依頼提案と自主提案には、こうした違いがあります。自主提案のときこそ、提案書・企画書の内容が厳しく問われるのはいうまでもありません。

提案の2つのタイプ

依頼提案		自主提案
課題が明確	⟷	課題をつくる
成長期に必要とされる	⟷	不況期・衰退期に必要とされる
機会は少ない	⟷	機会は多い
受け身	⟷	攻め

取引先企業への提案の場合

競合が多い	⟷	単独での提案
必ず発注がある	⟷	提案がよくないと発注されない 能力を見せる場にもなる

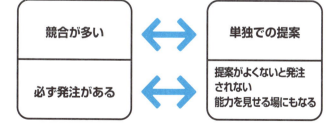

自主提案では、課題発見が重要になる

提案・企画する内容は、依頼される場合と自主的に行う場合とで当然変わってきます。

- **依頼提案では、その内容や条件に対して、どのように解決するかが重要で、具体的な解決策の提案がポイントになる**
- **自主提案は、「なぜ提案するのか」という出発点である課題をもとに、その解決策を提示することがポイントで、依頼された場合に比べ多くの内容が必要になる**

依頼提案では、依頼者が問題点や課題を明確にもっている場合が多いため、提案・企画に対して厳しい目で評価されることはいうまでもありません。他社での実施状況などの裏づけとなるデータを添付し、実施した場合の効果なども想定することが必要です。

一方、自主提案でとくに難しいのは、課題を発見すること。自主提案では、提案先から情報が得られない場合が多く、自ら的確な課題を発見することが求められるからです。

もし、問題点を取り違えると当然、課題もズレてきます。課題が違えば解決策の提案もピントの外れたものになるでしょう。そうして完成した提案・企画は当然、採用されません。

ただ課題設定や提案の切り口が優れていると、高い評価を受けることがあります。それをきっかけに再度、提案・企画できるチャンスがもらえるケースもあります。

提案が採用されるポイント

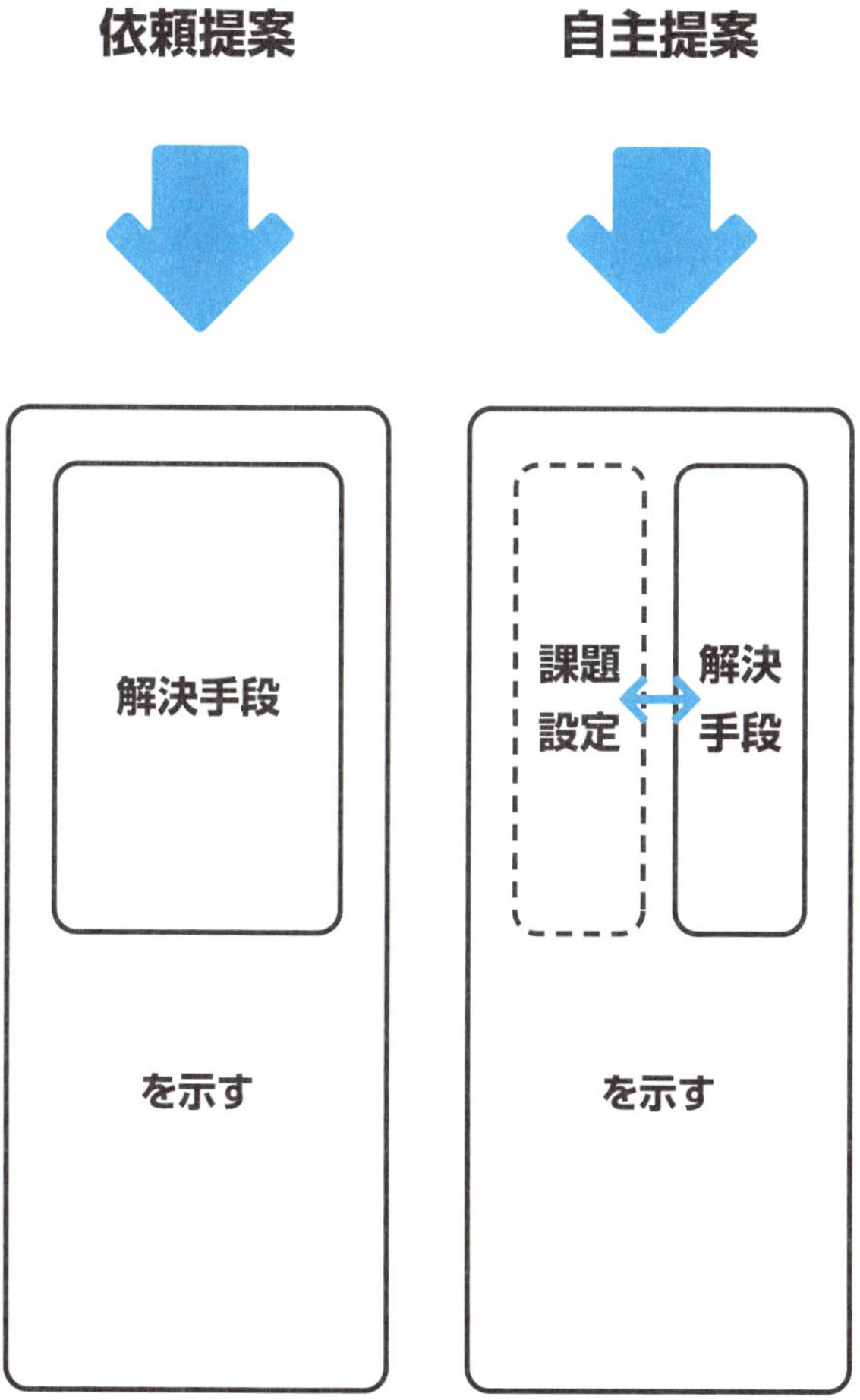

06

苦手意識をなくすには、何が苦手かわかること

自分の「提案能力」から見た苦手意識と3つの対策

提案書・企画書づくりがただ単に苦手というのではなく、なにがどう苦手なのかがわかれば苦手意識が克服できます。自分の「提案能力」という視点から、苦手意識とその対策を考えてみましょう。次のような3つの理由への対策があります。

- **第1の理由は「何をどう提案・企画してよいかわからない」という場合の対策**
- **第2の理由は「提案アイデアがあるが、どうまとめるかわからない」という場合の対策**
- **第3の理由は「もっと説得力のある提案書にしたい」という場合の対策**

第1の場合は、「課題を発見して解決策を考える」という提案・企画の目的を把握し、構成要素とその流れを頭に入れなければなりません。第2の場合は、提案書・企画書のフォーマット例や事例が参考になります。第3の場合、構成、タイトルなどの言葉づかい、データや事例の盛り込み方、効果の予測などについて、どう工夫するかを学びましょう。

「提案能力」から見た苦手意識の3つの理由とその対策

提案能力	対策
第1の理由 **「何をどう提案・企画してよいかわからない」**	提案書・企画書が何のためにあるかを理解する。「困った問題や市場の変化から課題を発見し、その解決策を考え、書類にして提案すること」を学ぶ。 →P.64「提案企画の構成」で解説
第2の理由 **「提案アイデアがあるが、どうまとめるかがかわからない」**	提案書・企画書をどうまとめるかを学ぶ。提案書・企画書のフォーマット例や事例が参考になる。 →P.98「提案書のフォーマット(A～F)」、 →P.160「提案書・企画書の事例」で解説
第3の理由 **「もっと説得力のある提案書にしたい」**	提案書の構成、タイトルなどの言葉づかい、データや事例の盛り込み方、効果の予測などを学ぶ。 →P.76「魅力的なタイトル」、 →P.78「提案企画の効果」で解説

「提案の3要素」から見た、苦手意識とその対策

提案書・企画書に盛り込まれる構成要素から、苦手意識とその対策について考えてみます。提案・企画をするには3つの段階を踏んでいき、それがそのまま提案書・企画書の構成要素となります。

- **情報をスピーディに効率的に集め、そこから課題を発見する第1段階「現状分析」**
- **課題から目的、ねらいを明確にし、提案・企画の切り口を示す第2段階「基本方針」**
- **目的やねらいを達成するための具体的な提案・企画内容にあたる第3段階「解決策」**

現状分析では、課題を発見する方法を学ぶことで苦手意識を克服できます。

基本方針では、提案・企画の基本部分である目的やねらい、対象のとらえ方を学びます。

解決策では、方針をいかに具体化するかを学び、成功事例を集めることで苦手意識が克服できます。またこちらでは、解決にいくらかかり、どんな効果が期待できるかという「費用と効果」についても触れます。

提案書・企画書づくりでは、論理的で一貫性のある流れのもとにまとめることや、説得力のある言葉づかいなどを学べば、苦手意識を克服することができます。

「提案の3要素」から見た苦手意識とその対策

提案要素	対策
第1段階 **「現状分析」** **「現状分析から課題発見」**	情報をいかに早く、効率的に集めるかを学ぶ。 →P.126「現状分析は提案企画のスタート地点」、 →P.136「課題を発見しよう」で解説
第2段階 **「基本方針」** **「目的、ねらい」と「対象」「タイトル」「切り口」**	提案の目標がどんなものか、対象をどうとらえるか、解決の切り口を学ぶ。 →P.138「基本方針である目的、ねらいを決めよう」で解説
第3段階 **①「解決策」** **「解決する具体的な手段」「提案内容」**	基本的な専門能力を身につける。成功事例を集める。 →P.144「結論としての解決策を提案する」、 →P.148「実施プランを作成しよう」で解説
②「費用効果」 **提案にかかる費用や効果**	経験を積み概算がわかるようになる。計算間違いや見積もり忘れに注意する。 →P.150「効果を予測する」で解説

↓

「提案書・企画書づくり」

提案書や企画書にまとめる業務

提案書・企画書のフォーマットや事例などを参考にする。論理的で一貫性のある流れ、説得力のある言葉づかいなどのまとめ方を学ぶ。
→P.98「提案書フォーマット(A～F)」で解説

PART 2

提案書・企画書が採用されるポイント

01 起承展結により流れを明確にする

全体の流れをつくって説得力をもたせる

提案書・企画書づくりでは、全体の流れに一貫性をもたせて、「起承展結」になるようにシンプルにまとめ、相手先が納得しやすいようにすることが大切です。

- **「起」は、問題点から課題の発見の部分**
- **「承」は、基本方針と提案の骨子で目的、対象設定、テーマ、切り口など基本的な事柄**
- **「展」は、具体的な解決策の展開で、方法、内容、スケールなど**
- **「結」は、提案書の最後を締めくくり、提案を実施した場合の費用と効果**

起承展結は、3つの構成要素である「起（現状分析）」「承（基本方針）」「展・結（解決策、費用と効果）」と一致させることができます（企画の場合、話を「展開」するという意味）。

メリハリのある流れによって、相手は、内容を判断しやすく、印象も強く残るようになるのです。余分なものを入れると、一貫性がなくなってしまうので注意しましょう。

効果的な提案書のつくり方

●全体の流れをつくる

全体をドラマ仕立てにする。起承展結を明確にする。
提案内容の要旨を、最後に15秒で説明できるようにする。

起	承	展・結
現状分析	基本方針	具体的な解決策と費用・効果
●簡潔に、要領よく ●基本方針に効果的に導く	●タイトルは魅力的な言葉か	●概算費用 ●効果の予測 ●具体的な解決策

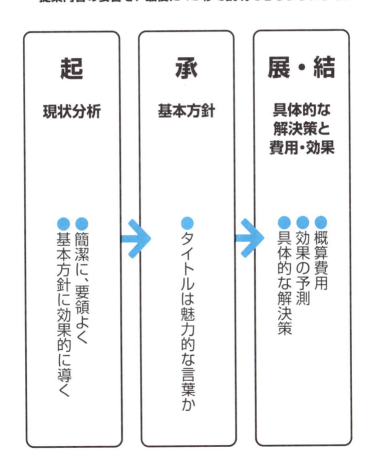

02

1枚の提案書・企画書が最もシンプルでベスト

たった1枚の提案書・企画書が、わかりやすくてよい

提案書・企画書は、シンプルにまとめられているほどよいのです。最もシンプルな形が1枚の提案書・企画書です。メリットは次のとおりです。

- **要旨を1枚にまとめることで論旨が明確になる**
- **相手先からも簡潔で保存しやすい1枚の提案書・企画書は歓迎される**

もちろん、補足資料が必要な場合は、資料として別途添付するようにします。

かつて提案書・企画書は分厚いものが重要視された時代がありました。今でも、分厚い提案書・企画書がよいと信じている人が多くいます。

しかし最近では、ただ分厚いだけで提案書・企画書が採用されるような甘い状況にはなく、むしろ敬遠されやすい傾向にあります。分厚い提案書・企画書は、多忙な上司や取引先企業からはさっと見られるだけで、十分に読んでもらえないために、説得力もありません。

1枚の中に起承展結をうまく配置する

1枚の提案書・企画書では、無駄なものを省き1枚の中で起承展結がはっきりとするようにまとめます。62〜63頁のたった1枚の提案書・企画書例は、全体を3分割して起を左側に、承を真ん中に、展と結を右側に配置しています。

- **起は、課題の設定に影響を及ぼす内容を重点的にまとめる**
- **承は、基本方針の部分で、タイトルが決め手となる**
- **展は、具体的展開をわかりやすく説明する**
- **結は、予算と効果予測を簡潔にまとめる**

起は、内容が少なすぎると説得力が弱くなり、やたらに多いとまのびします。承では、方針と実施のポイントに連動性と一貫性をもたせます。

複数の企業から競合提案を受ける場合のプレゼンは、1社30分で行う場合が増えています。質疑まで含めて時間内に終了しなければなりません。オーバーすればそこで終了、プレゼンは失敗です。提案書・企画書の説明時間の配分も提案の重要な要素になります。

1枚の提案書・企画書では、質疑時間を入れて15分もあれば内容を説明できます。10分説明で5分質疑にあてます。多忙な上司や取引先企業への提案にはちょうどよい時間です。

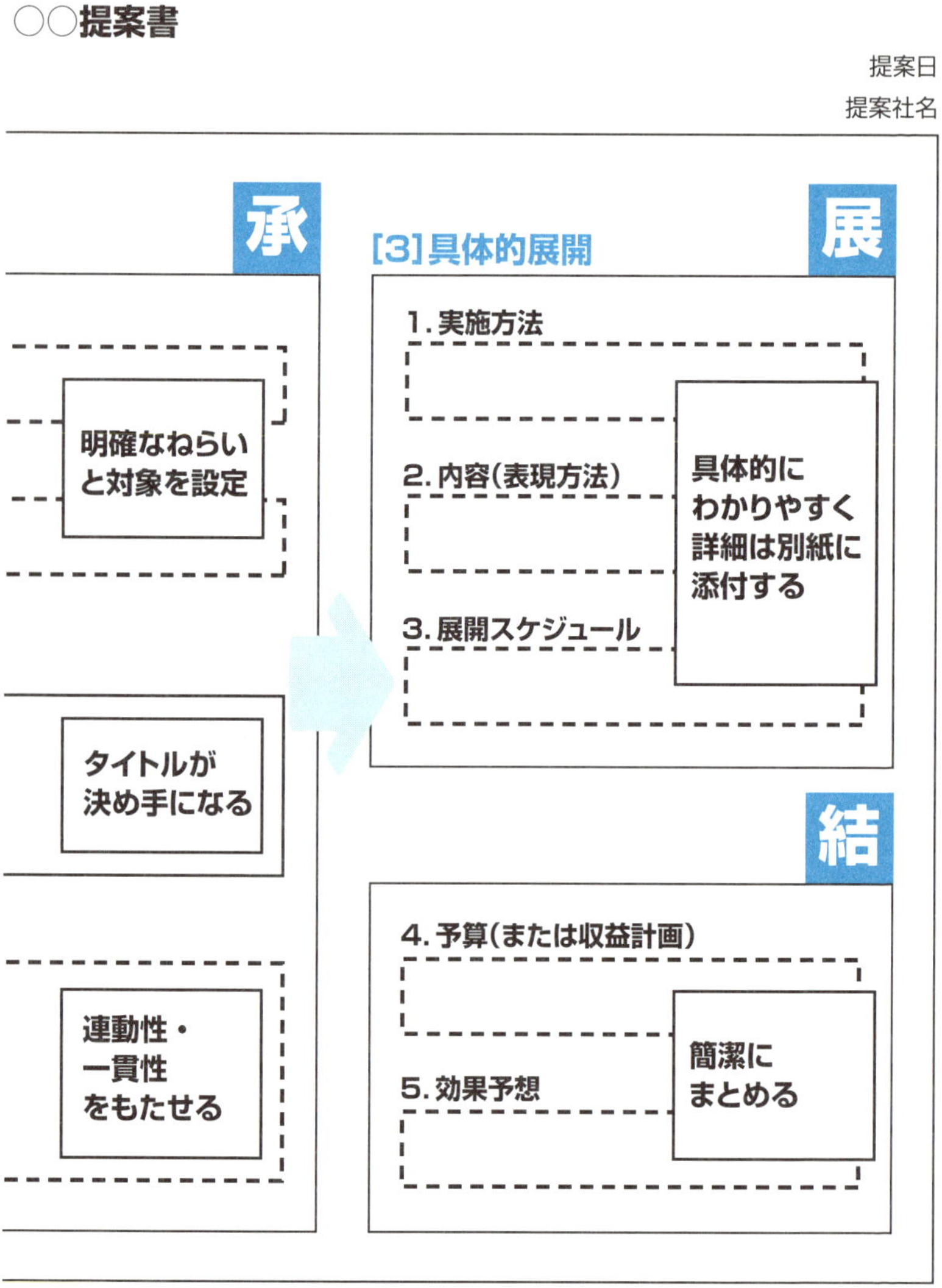
○○提案書
提案日
提案社名
承
明確なねらいと対象を設定
タイトルが決め手になる
連動性・一貫性をもたせる
[3]具体的展開
展
1.実施方法
2.内容(表現方法)
3.展開スケジュール
具体的にわかりやすく詳細は別紙に添付する
結
4.予算(または収益計画)
5.効果予想
簡潔にまとめる

たった1枚の提案書・企画書例

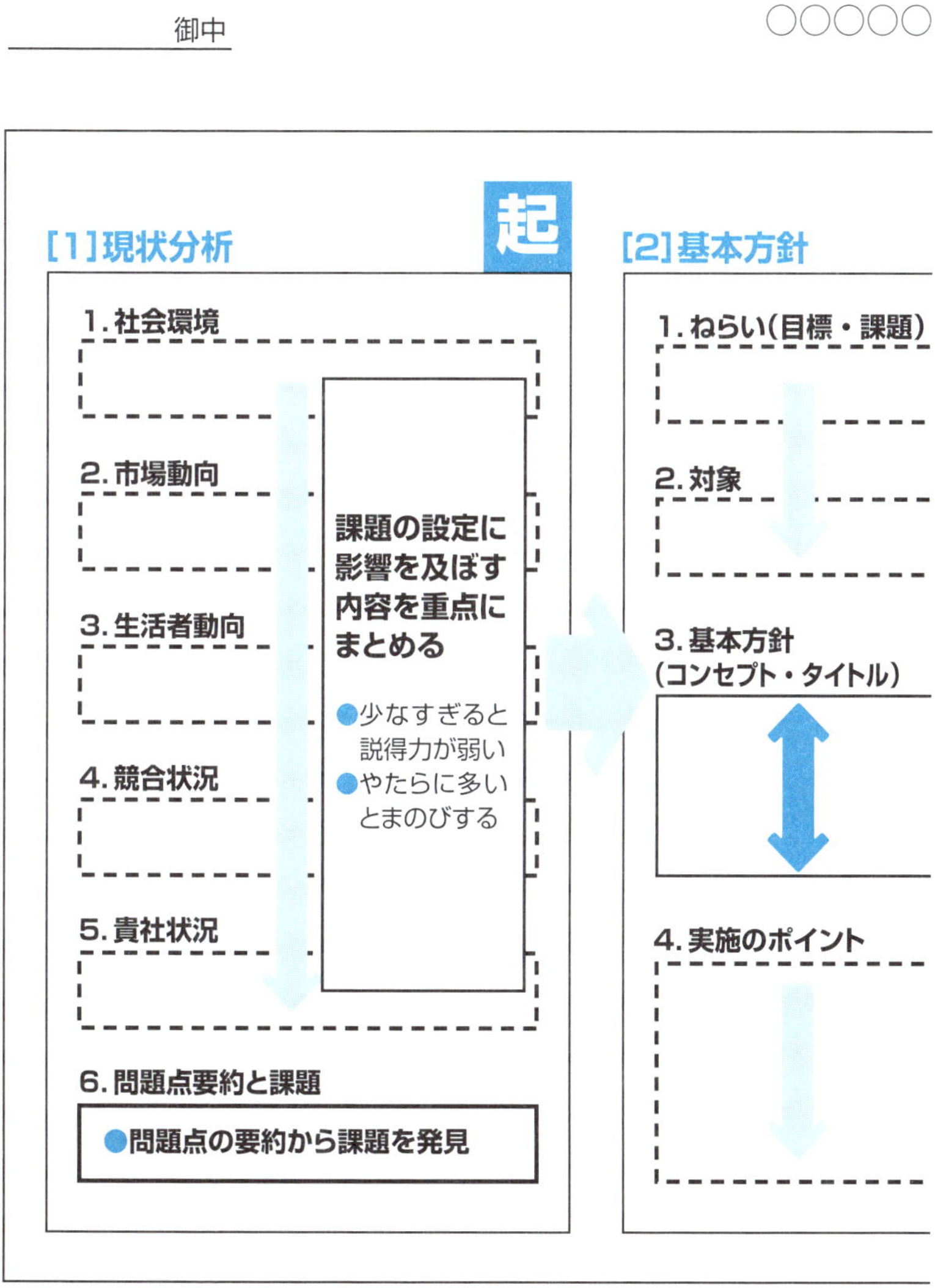
御中
○○○○○
起
[1]現状分析
1.社会環境
2.市場動向
3.生活者動向
4.競合状況
5.貴社状況
課題の設定に影響を及ぼす内容を重点にまとめる
●少なすぎると説得力が弱い
●やたらに多いとまのびする
6.問題点要約と課題
●問題点の要約から課題を発見
[2]基本方針
1.ねらい(目標・課題)
2.対象
3.基本方針
(コンセプト・タイトル)
4.実施のポイント

03

提案書・企画書の構成をつかめば、書くのが楽しくなる

3つの構成の順に書いてみよう

提案書・企画書というと難しく考えがちですが、3つの構成内容を理解すれば、比較的簡単に作成することができます。

- **現状分析**
- **基本方針**
- **解決策**

「現状分析」とは、「提案に関連する現状分析から課題を発見する」ことです。

「基本方針」とは、提案書・企画書の「目的、対象、タイトルを設定する」こと。

そして「解決策」では、課題を解決する手段や方法、必要とされる費用、スケジュール、さらに、実施した際の効果などを提案します。

提案書・企画書作成の順番

現状分析
- 簡潔に、要領よく
- 基本方針に効果的に導く

→

基本方針
- タイトルは魅力的な言葉か

→

解決策
- 概算費用
- 効果の予測
- 具体的な展開

→

提案書づくり
- 提案書や企画書にまとめる

提案内容作成（現状分析〜解決策）

提案内容まとめ（提案書づくり）

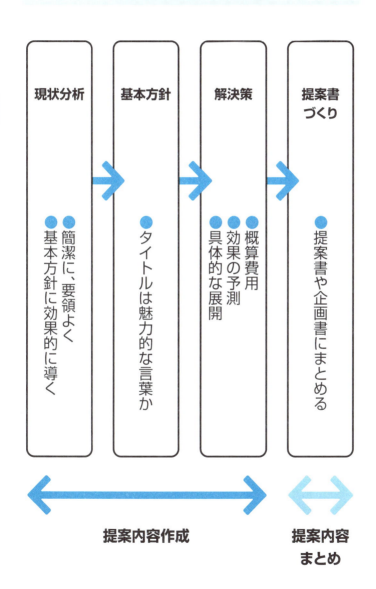

7つのステップでスラスラと書く

提案書・企画書作成は、3要素の流れにそって次のような「7ステップ」で書きます。

● **第1要素「課題を発見する」**

第1ステップ「現状分析を行う」

提案書・企画書作成第1ステップは「現状分析」です。

世の中がどうなっているかの「社会環境動向」、企画提案に関連する商品・サービスの「市場・生活者動向」、競合動向の把握や提案先の問題点を明確にする「競合状況分析」「提案先状況」など、提案先の問題点を抽出します。

第2ステップ「課題を発見する」

現状分析で導かれた「問題点」の中で、重要かつ、解決可能なものを問題点として取り上げ、解決すべき「課題」を発見します。

● **第2要素「基本方針を立てる」**

第3ステップ「ねらい、目的、タイトルなどを明確化する」

課題を解決するための「ねらい、目的、コンセプト、テーマ、タイトル」などの基本戦略を明確化します。

第4ステップ「対象を設定する」

誰をねらうのか、「ターゲット」を明確に設定します。

第5ステップ「解決手段を明確にする」

課題を解決するために、決めた対象にどんな「解決手段」で取り組むのかを決めます。そして、解決策のポイントを明確にします。

第3要素「解決策を展開する」

第6ステップ「実施方法を決める」

解決手段の具体的な内容、方法を決めます。さらに、スケジュールなどを明確にします。

第7ステップ「費用を明確にし、効果を予測する」

最後に提案した企画を実施するために、いくらかかるかの費用、さらに、提案した内容に対する効果を予測します。

これらの7つのステップが全部、盛り込めれば、完璧な企画書になります。

提案書はこの中から重要なものを取り上げ、ポイントを絞り提案するものです。

04 採用される提案書・企画書には共通点がある

採用されるための5つの共通点とは

採用される提案の共通点を5つにまとめてみました。

- 第1は「提案先の要望にマッチしたもの」
- 第2は「提案先の立場に立った提案であること」
- 第3は「シンプルでわかりやすい提案であること」
- 第4は「共感を呼ぶ魅力的なテーマやタイトルであること」
- 第5は「提案の効果を示すこと」

失敗しがちなもののひとつに、提案者側の論理でものを考えてしまうことがあります。専門用語や難しい言葉は極力さけましょう。タイトルは、全体をくくる言葉であり、相手先に読ませる強いきっかけになります。効果を示すことは、一番難しいことですが、提案を実施することで「どんな効果があるか」を示さないと、採用は見送られるでしょう。

採用される提案の5つの共通点

提案先との関係	1 提案先の要望にマッチしたもの	2 提案先の立場に立った提案であること
提案内容	3 シンプルでわかりやすい提案であること	4 共感を呼ぶ魅力的なテーマやタイトルであること
提案の効果	5 提案の効果を示すこと	

05 提案先の要望にマッチしたもの

要望や課題を的確に解決する提案・企画であること

提案先の要望や課題にマッチした提案・企画であるかどうか。これは単純なようですが、意外に忘れがちなことです。すばらしいアイデアだと思い込むと、つい夢中になり、途中から曲がった方向にいっても気がつかないことが多いのが実情です。

提案先の要望や課題からズレないためには、次のことに注意しましょう。

- **提案がぶれないように、何が求められているかを机上に大きく書きつける**
- **提案書・企画書を第三者に見てもらい、それを確認し、「効果予測」を盛り込む**

いろいろな要素を加えすぎると、複雑になり、何が解決策であるかわからなくなります。提案・企画の軸がブレないようにすることが大切です。

最後に、この提案でその要望や課題がどのように解決されるか「効果予測」を盛り込むことが重要です。

採用される提案の5つの共通点その1

「提案先の要望や課題にマッチしたもの」

ポイント

何が求められているか、提案がズレないようにする

↓

チェック方法

1. 机上に大きく書き残す
2. 第三者に提案書・企画書を見てもらう
3. 最後に内容を確認し、要望に対する「効果・予測」を盛り込む

06

提案先の立場に立った提案・企画であること

提案者側の論理で提案すると、採用されない

提案・企画は、あくまでも提案先の立場に立って行わなければなりません。ところが最も多く起きるミスが、提案先の立場に立たずに提案・企画してしまい、採用されないことです。

そうならないためには、次のことが求められます。

- **提案者側の立場や論理で展開しないで、相手先の事情を十分理解する**
- **提案先業界のルールや規定を認識し、系列企業の特徴なども十分に把握する**
- **提案・企画内容が、提案先にとって十分にメリットが生まれるようにする**

提案者側の論理で提案しがちなのは、相手先企業が自分たちの環境と異なる場合に陥りやすい失敗です。また、予備知識が乏しい相手に自分の専門分野の提案をしないようにしましょう。現状分析が甘く、提案先が所属する業界事情を知らないで、自分たちの業界のルール・規定で提案した失敗例もあります。

採用される提案の5つの共通点その2

「提案先の立場に立った提案であること」

ポイント

提案者側の立場に立たないこと

↓

チェック方法

1. 提案者側の立場・論理で展開しない
2. 提案先業界のルール・規定を認識する
3. 提案先の系列企業なども含め、上記「2」を十分把握する

07

シンプルでわかりやすい提案・企画であること

平易な言葉を使い、とにかく、わかりやすく書く

提案書・企画書は、シンプルでわかりやすいほどよいことはいうまでもありません。シンプルであるためには、次のようにします。

- **要望や課題にもとづく基本方針にそった提案内容に絞る**
- **平易な言葉で書き、短く要領よくまとめ、構成を複雑にしない**

課題に対していくつものアイデアが出てくると全部提案したくなります。しかし、基本方針にマッチしないものまで入れると提案も台無しになります。わかりやすさとは、内容がわかりやすいことと、文章がわかりやすいことを意味しています。

難しいことを平易な言葉で説明することが大切です。

長い文章は主語と述語のなかに多くの言葉が入り、難解な文章になったりして結論まで読むのが大変です。文章はなるべく短くして、伝えたい内容を要領よくまとめることが重要です。

「シンプルでわかりやすい提案であること」

ポイント

シンプルでわかりやすい提案内容とする

↓

チェック方法

1. 基本方針にそった内容に絞る
2. 平易な言葉で書く。専門用語・略語・IT用語を使わない
3. 短く要領よくまとめる。長い文章はさける

08 共感を呼ぶ魅力的なタイトルであること

同じ内容でも言葉づかいで印象は変わる

提案・企画が採用されるかどうかの大きな決め手になるのがタイトルです。同じ内容でも、タイトルで受ける印象がまったく変わることに注意しなければなりません。そのため、

- 感動的で、共感を呼ぶタイトルをつける
- 提案・企画の顔になる魅力的なネーミングを考える

例えば、「マチコン」は「婚活」と「地域活性化」のニーズを受け、大ヒットしました。「B級グルメ」は、地域に埋もれた安価で庶民的でありながら、おいしいと評判の料理で話題になりました。また、不況で財布の紐が固くなった生活者に対して、買いやすい価格設定として「ワンコイン」で利用できる食事、商品、サービスがヒットしました。

さらに、すでに普及している商品をブランドスイッチさせるための「のりかえ割」、産業の一つがうどんの香川県が「うどん県」と命名し、話題になっています。

採用される提案の5つの共通点その4

「共感を呼ぶ魅力的なタイトルであること」

ポイント

タイトルが決め手になる

↓

チェック方法

1. 共感を呼ぶタイトルをつける
2. 魅力的なタイトルをつける
3. 感動的なタイトルをつける

09

提案・企画の効果を示すこと

効果予測の入った提案・企画にすること

提案で決め手になる最後のポイントは、提案内容を実施した場合の効果に触れているかということです。たとえすばらしい提案でも、それを実施した際にどんな効果がもたらされるかが読めないと、採用側は不安になります。

効果については、

- **売上などの経済効果を示し、心理的な効果や影響なども含めて提案する**
- **同様の事例があれば数値を参考にし、ない場合は近いものから推定する**

とよいでしょう。とはいっても、効果を予測することはきわめて難しいもの。

効果の予測方法としては、同様の事例があればそれを参考にします。

同じ事例がない場合や、まったく新しい提案の場合には、近い事例をヒントにします。

効果についてのデータは、日ごろから関心をもって情報や人に接していると蓄積されます。

採用される提案の5つの共通点その5

「提案の効果を示すこと」

ポイント

提案の効果予測を経済効果、心理効果で示す

チェック方法

1. 同様の事例があれば、その数値を参考にする
2. 同様の事例がない場合は、近いものから推定する
3. 専門家の意見を参考にする
4. 事例がまったくない場合は、テストマーケティングも検討する

10

提案書・企画書の構成をしっかり覚えよう

フォーマットを決める4ポイントとは？

提案書・企画書を作成するとき、まずは使用するフォーマット（PART3参照）を決めるようにします。フォーマットには、次の4ポイントが関係します。

- **1つ目は枚数を決めること**
- **2つ目は提案・企画項目を決めること**
- **3つ目は提案の流れを決めること**
- **4つ目は書式を決めること**

枚数は、内容を簡潔にまとめられるなら1枚にしましょう。取引先企業などに詳しく提案したい場合は複数枚にします。書くべき項目については、依頼提案は依頼内容に合った項目を設定し、自主提案は、「現状分析」「基本方針」「解決策」の構成の3要素が必要です。そして提案の流れは論理的型か結論型か、書式は文章型か図表型かを決めます。

提案書・企画書のフォーマットを決める4ポイント

1. 提案の枚数

1枚にするか、数枚にするか。
社内なら1枚、取引先企業ならある程度の枚数も検討する。

2. 提案項目

提案の目的に合わせて、提案の項目を決める。提案書・企画書の目次をどうするか決める。

3. 提案の流れ

提案の結論から入るか、現状分析から論理的にまとめるかを決める。

4. 書式

書きやすい文章型で作成するか、本格的な図表型で作成するかを決める。

↓

10のフォーマットから参考になるものを選ぶ（PART3参照）

文章型と図表型の2つの企画書作成タイプ

提案書・企画書の書き方には、大きくわけて「文章型」と「図表型」があります。文章型の特徴は、次のとおりです。

- **書きやすく、Wordなどでいつでも簡単に作成できる**
- **書きやすいフォーマットを用意しておくと、内容が決まればすぐ書類にすることができる**

問題点は文章だけでは説得力が弱いこと。そのため視覚に訴える図表も使うようにします。また長い文章は読みにくいため、できるだけ箇条書きにします。

もし、長文になる場合は、小見出しをつけるなどの工夫をします。これに対して、図表型の特徴は次のとおりです。

- **図表を使うため、文章型よりも説得力に富み、よく活用されている**
- **作図には工夫が必要であり、表の流れにも注意しなければならない**

図表による書類は、補足説明が少なくなりがちで、言葉をあまり省かないようにします。各頁には見出しを入れ、「1頁に書くのは1つの要素」と絞り込むと理解しやすくなります。

プロジェクターを使うと、プレゼン効果も高まります。文章型からスタートし、慣れたら図表型にする方法がよいでしょう。書き慣れてくると、楽しく書けるようになります。

文章型と図表型の特徴と違い

[企画書作成 2つのタイプ]

	文章型（主にWord使用）	図表型（主にPowerPoint使用）
①メリット	●書きやすい	●図表を使うので説得力がある
②デメリット	●説得力が弱い	●作図の工夫がいる
③ポイント	●長文は避け、小見出しや箇条書きを加える ●視覚効果を活かす	●表の流れをスムーズに ●バランスよくまとめる
④提案手法	●企画書使用	●プロジェクター提案が可能
⑤時代性	●古い	●新しい、さらに進化するインターネットとの連動

11 提案・企画の時間配分と発想法を考える

限られた時間を効率的に活用する時間配分を考えよう

フォーマットを決めたら、構成の3要素にもとづいて時間を効果的に配分することを考えます。現状分析に時間をとられすぎると、他の時間が取れなくなり、十分な提案・企画ができなくなります。時間を効率的に活用するために、次のようにしましょう。

- 現状分析と基本方針の検討とを並行させる
- 基本方針を検証しながら、それを受けた解決策を具体化する

それぞれの業務を重ねて行います。提案書・企画書づくりの段階では、論理が一貫性をもって展開できているか、余分なものが含まれていないかなどのチェックを行います。

小さな提案の場合は、もっと時間を切り詰めて早く完成させることが大切です。

通常、競合企画の場合は、提案作成期間は1カ月程度です。そこで、提案までの時間が仮に1カ月間として時間配分を考えてみましょう。

提案書・企画書づくりの時間配分の目安

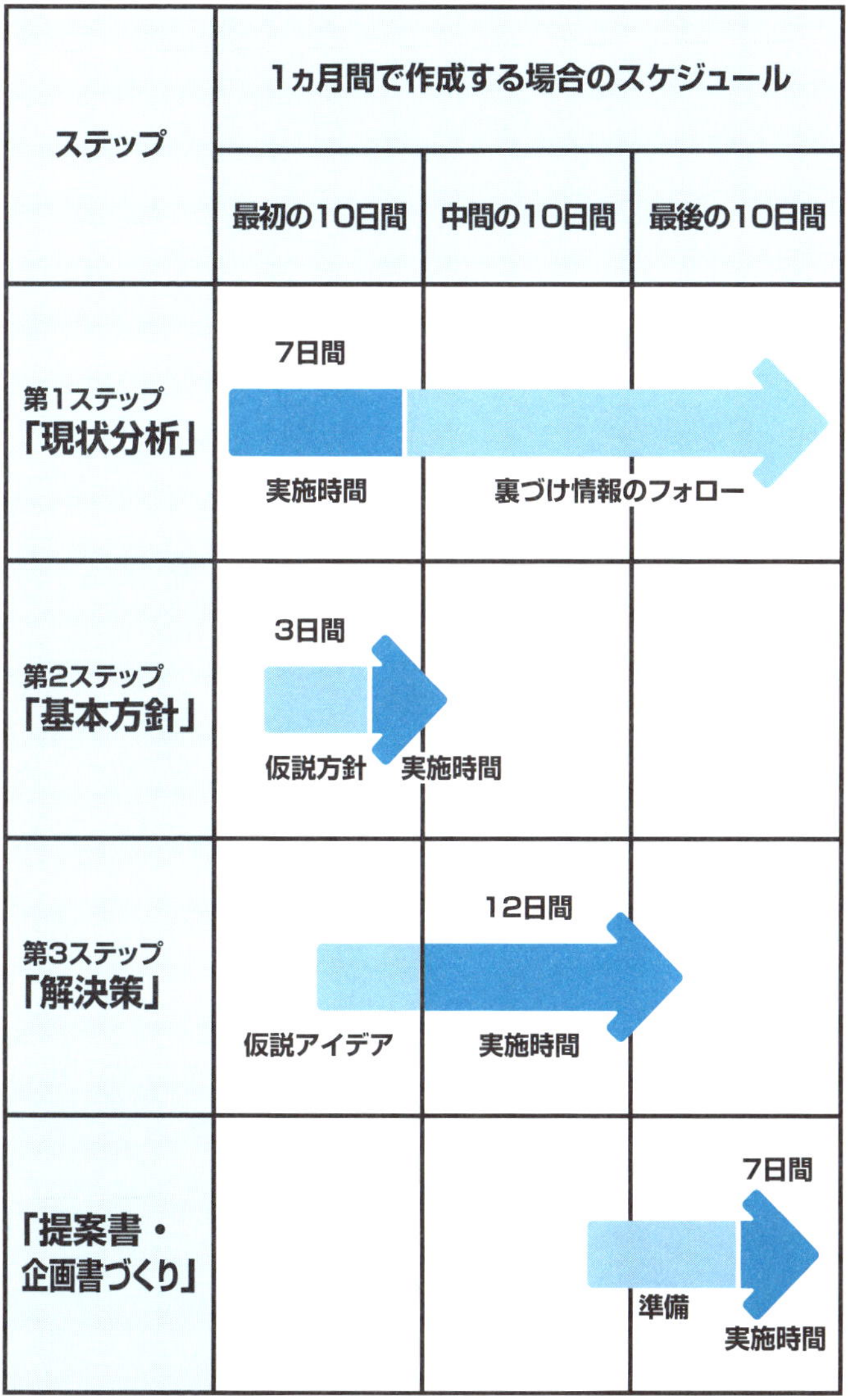

「情報頭」「提案頭」「まとめ頭」の3つの発想法

提案書・企画書づくりを効率的に行うために、次の3つの発想法を提案します。

- **現状分析から基本方針を設定するまでは「情報頭」**
- **目的を達成する解決策の提案は「提案頭」**
- **最後の提案書・企画書づくりは「まとめ頭」**

「情報頭」とは、現状分析から基本方針の設定の際に、必要な情報を早く集めて整理する発想法。費用・効果を考えるときも、同様の頭脳が必要です。数学の「最大公約数」に似た考え方をします。

「提案頭」とは、知恵やアイデアを広げて、目的を達成する解決策を考えるための発想法。知的でクリエイティブな発想です。まさにアイデアの見せどころでしょう。

「まとめ頭」とは、余分な情報を割愛し、シンプルにまとめていく発想法です。提案書・企画書づくりの後半では、現状分析から費用・効果までをいかにして論理的な「一貫性」をもってまとめるかという工程が必要になります。

3つの違った発想法は、一気に行うのではなく、工程ごとに頭を使いわけ、切り替えて行うと、提案書・企画書を効率的に仕上げることができます。

提案書・企画書づくりのための3つの発想法

現状分析
基本方針
費用・効果は

「最大公約数」

情報頭

必要な情報を早く集め、類似性を発見するなど正確に分析する

解決策は

「拡大発想」

提案頭

知的かつクリエイティブな発想。想像力を発揮しアイデアを拡げる

提案書・企画書づくりは

「一貫性」

まとめ頭

余分な情報は割愛し、論理の一貫性があるよう、シンプルにまとめる

12 激変の時代は、提案のスピードが勝負になる

タイミングを逸すると、仕事がとれない

前項では、1カ月で提案書・企画書を作成する場合のスケジュールについて触れました。

一方で激変の時代には、いかに早く提案書・企画書を作成するかが求められています。まさに「時は金なり」です。

ここからは最短で提案書・企画書を作成するための方法として、「3日で仕上げる提案書」「5日で完成させる企画書」と題し、早く仕上げるためのポイントをまとめてみました。

せっかくの素晴らしい提案書・企画書でもタイミングを逸すると、競合他社に先手を取られてしまいます。

そのため、提案書・企画書づくりにスピードが要求されるのです。

とくに税制改革などの法律改正、イベント開催・新規事業実施、災害・事故対策、新データ・技術革新などの緊急対策から生じる提案は、スピードが勝負となります。

緊急を要する提案事項

1. 政策変更や法律改正

消費税増税
ビール税改正
相続税改正
年金改正
後期高齢者医療費
負担増加　など

2. イベント開催 新規事業実施

オリンピック開催
リニア新幹線
新線開発
地域再開発
新駅開設
ユネスコなどへの登録　など

3. 災害・事故対策

異常気象
地震・津波
火山噴火
事故・災害
疫病対策　など

4. 新データ・技術革新

円安・株高
科学技術・医術進化
ロボットの技術進化
単身層の急増　など

13 スピード作成における各日程でのコツ

提案書を3日で仕上げる方法

この項では、提案書と企画書を、それぞれ3日と5日という短期間で仕上げるためのコツを紹介します。

短期間でつくるときも1カ月かけてつくるときも、考え方と書き方は同じです。各日程でやるべきポイントを、順を追って説明します。作成の流れをイメージしながら読み進めてください。提案書は企画の3要素の必要部分だけを書くため、早く仕上げることができます。

- **1日目：「提案の課題を発見し、たくさんのアイデアを出す」**

集めた情報から「課題」を発見し、自社のどのノウハウで解決できるかという可能性を検討します。なるべく多くのアイデアを出し、提案の可能性を発見するのがコツです。

- **2日目：「課題に対し、採用される可能性が高い解決策に絞り込み、提案の流れをつくる」**

得た情報から企画のテーマ、対象、解決策までの流れを考えます。この段階で提案のラフ案がまとまります。

- **3日目：「提案書を作成する」**

企画の流れが決まった段階で、提案書作成に入ります。素早くまとめることが肝心なため、文字だけの提案書で構いません。提案書なので、この段階では方向性の提案になります。

企画書のスピード作成

1～2日目までは、3日で仕上げる提案書と同じ業務です。残り3日間を活用して企画書にまとめます。

- **3日目：「具体的な実施プランを作成する」**

3日目には、具体的な実施プランを作成します。実施プランは、3日で仕上げる提案書では、文章で提案する程度でした。この企画書では、内容をしっかりと詰め、具体的にします。

- **4日目：「費用・効果を作成する」**

4日目には、費用・効果についてまとめます。提案を実施する際に必要な費用と、それを実施した場合の効果についてまとめます。

- **5日目：「企画書を完成させる」**

5日目には、企画書としての体裁に仕上げます。フォーマットを使うと早く仕上がります。

14 ムダなく説得力が高まる書き方とは

素早く企画書を書くコツは、いきなり文章を書かないこと

いざ企画書を書き始めるときに、やってはいけないのは、いきなり書き始めること。もうひとつは、情報を盛り込もうとして、長い文章をダラダラと書き過ぎないことです。

企画書を早く仕上げようと、何も考えずに書き始めると、かえって時間がかかってしまいます。一連の流れや要点がまとまっていないと、その調整に手間がかかるからです。集めた情報を整理して、提案理由や提案内容、文章の流れやストーリーなどの企画の骨子を明確にしたうえで書き始めると、無駄なく、スムースに書くことができます。

また、企画書に無駄な情報が多いと、提案先が混乱し、説得力が欠けてしまいます。ポイントを2～4つに絞る、長文は極力避けてキーワードや見出しを使うなど、端的な言葉で短く表現しましょう。

もちろん、文章を書き上げてから、再度チェックすることも大切です。

効果的に書くノウハウとコツ

●いきなり、文章を書かない

1. 最も重要な部分、「取り上げる理由」と「内容」「提案・提言」が明確になったうえで、文章の流れ、ストーリーを整理する。

2. いきなり書くと、修正箇所が多くなり、大変な作業になる。また、一貫性のない、つじつまが合わない文章に仕上がる。

3. 書く前に、要素やデータを集めることは必要。ただし、メモで十分。

●テーマに関係がない、余分なことを書かない

1. 長文にしない。端的な言葉で短く表現する。情報が多くなると、読み手が混乱する。

2. ポイントを2～4つに絞る。「注意点は2つ」「解決策は3方面」「提案内容は4項目」など。

3. 文章を書きあげてから再度、文章をチェックする。

15 説得力のある企画書にまとめるテクニック

DJK（D：データ、J：事例、K：キーワード）で説得力が高まる

せっかくユニークなアイデアで相手の関心を惹いても、裏付けとなるデータがなければ採用されません。説得力に欠けるからです。説得力を高めるには、DJK（D：データ、J：事例、K：キーワード）の3つを盛り込むといいでしょう。

- **D：データ**

調査データの裏付けがあれば、説得力が高まります。とくに「公的機関のデータ」は正確で信頼性があります。民間企業の公開調査も使用できます。自社調査データも有効です。

- **J：事例**

提案内容に関する実施事例、その効果などの事例があれば、説得力がさらに高まります。

- **K：キーワード**

短い印象的な言葉をキーワードとして使用することで、説得力が高まり印象に残ります。

説得力のある企画書にまとめる工夫

●DJK(D：データ、J：事例、K：キーワード)活用で説得力が高まる。

D：データ

調査の裏づけ、公的機関データ、アンケート調査　など

J：事例

実施事例、成功事例、失敗事例　など

K：キーワード

短い印象的な言葉で表現：アベノミクス、無縁社会、団塊世代、デジタルシニア、略語(PPK、TPP)、アラフォー、育ジイなど

PART 3

実践！ 提案書・企画書「定番」フォーマット10

01 提案書フォーマット（A～F）

提案書フォーマット

【Aタイプ：入門】簡易提案結論型

提案の「結論」から入る1枚・一表型の提案書フォーマットです。主に社内で、上司から提案を求められたときに、「依頼提案」する最も簡単な例です。

- **提案タイトルから入り、次に提案理由としての考え方、提案意図をまとめて書く**
- **結論を先に述べ、「なぜこの提案をするのか」の理由、提案に至った経緯、目的を書く**

提案のポイントを箇条書きにしてまとめ、さらにそれらの具体的な方法を項目別に述べます。添付資料がある場合はタイトルを表記し添付します。

このAタイプの提案書フォーマットでは、スケジュール、費用、効果などの項目が入っていません。上司からそれについて依頼されていないという前提のためです。

依頼事項があればその項目を加えます。その場合、提案書フォーマットCタイプを使います。依頼されていなくても、スケジュール、費用、効果まで書けばよりよい提案になります。

Aタイプ:入門「簡易提案結論型」

提案先部署、役職、氏名　殿（企業の場合は社名御中）

提案日

提案件名

提案者部署、氏名
（企業の場合は社名）

1.提案タイトル	提案のタイトル（魅力的な言葉で表現する）
2.提案理由 **（考え方、提案意図、目的など）**	なぜ提案するかの理由、提案に至った経緯や提案目的など
3.対象	提案を実施する対象（なるべく具体的に）
4.提案のポイント	提案の主なポイントを箇条書きに説明する
5.方法	提案内容を項目別に説明する
6.添付資料	添付資料がある場合はタイトル名を入れる

提案書フォーマット

【Bタイプ：入門】簡易提案論理型

現状分析から入り「論理的」に展開する1枚・一表型の提案書です。提案書フォーマットAと同様に社内用で、主に「自主提案」の提案書の最も簡単な例です。

- **緊急課題に対する解決方法を上司に自主提案する**
- **最初に現状分析を行って、探り当てた問題点について述べる**
- **問題点から導き出される課題を明確にし、それを受け、目的・ねらいを設定する**

自主提案の場合、「なぜこの提案が必要なのか」を最初に提示したほうがより説得しやすくなります。現状分析はきわめて重要です。現状分析があいまいになっていたり、間違っていたりすると提案の軸がブレてしまい、提案する意味がなくなることもあるからです。

目的・ねらいは基本方針にあたります。

提案タイトルは、提案全体をくくる言葉です。短くて魅力的な言葉で表現しましょう。

提案のポイントは、目的・ねらいに対する解決策にあたります。できるだけ箇条書きにし、項目別にポイントをわかりやすく説明します。

また、この提案書には緊急提案ということでスケジュール、費用、効果などが入っていません。必要に応じて内容を記入することは可能です（Dタイプにあたる）。

Bタイプ:入門「簡易提案論理型」

提案先部署、役職、氏名　殿(企業の場合は社名御中)

提案日

提案件名

提案者部署、氏名
(企業の場合は社名)

1.現状分析と課題	提案に至る現状分析から導き出される課題
2.目的・ねらい	課題を解決するためのねらいや目的
3.提案タイトル	提案のタイトル(魅力的な言葉で表現する)
4.提案のポイント	提案の考え方と提案ポイント
5.対象	提案を実施する対象(なるべく具体的に)
6.方法	提案内容を箇条書きでポイントを説明する
7.添付資料	添付資料がある場合はタイトル名を入れる

提案書フォーマット

【Cタイプ：初級】総合提案結論型

提案書フォーマットAタイプにスケジュール、費用、効果などを入れたもので、1枚・一表型の「結論」を先に述べる総合提案結論型の提案書フォーマットです。

- **記入する項目は緊急度や重要性によって選ぶ**
- **全部網羅することが望ましい**
- **全部盛り込むとスペースが狭くて書けない場合は、見開き2枚にまとめる**

提案項目の要素が全部そろえば、企画書としても通用します。

提案書フォーマット

【Dタイプ：初級】総合提案論理型

提案書フォーマットBタイプにスケジュール、費用、効果などを入れたもので、1枚・一表型の論理的展開用の提案書フォーマットです。

提案書フォーマット

【Eタイプ：中級】総合商品提案結論型

商品提案のための最も簡単な1枚・一表型で、結論を先に述べる提案書フォーマットです。依頼提案にも自主提案にも活用できます。次のような項目が必要になります。

・**商品コンセプト（商品をどうとらえるかの基本的な考え方）、商品特徴、商品デザイン、販路、価格、広告、販促、販売目標、収益見込みなど**

商品企画では提案項目が多く、提案書A～Dでは対応できません。結論からではなく現状分析から入れば、論理的展開用の提案書フォーマットにも変えられます。

全部盛り込むとスペースが狭くて書けない場合は、見開き2枚にまとめます。提案項目の要素が全部そろえば、企画書としても通用します。

提案書フォーマット

【Fタイプ：中級】総合事業提案結論型

事業提案のための最も簡単な1枚・一表型で、結論から先に述べる提案書フォーマットです。依頼提案にも、自主提案にも活用できます。次のような項目が必要になります。

・**事業のコンセプト（事業の基本的な考え方）、事業内容、販売方法、販売目標、収益見込みなど**

事業提案の場合、提案項目が多く提案書A～Dでは対応できません。結論からではなく現状分析から入れば、論理的展開用の提案書フォーマットにも変えられます。

全部盛り込むと提案書のスペースが狭くて書けない場合は、見開き2枚にまとめます。

Cタイプ:初級「総合提案結論型」

提案先部署、役職、氏名　殿(企業の場合は社名御中)

提案日

提案件名

提案者部署、氏名
(企業の場合は社名)

1.提案タイトル	提案のタイトル(魅力的な言葉で表現する)
2.提案理由 (考え方、提案意図目的など)	なぜ提案するかの理由、提案に至った経緯や提案目的など
3.対象	提案を実施する対象(なるべく具体的に)
4.方法	提案内容を箇条書きで項目別に説明する
5.スケジュール	準備段階から実施に至るまでの大日程 (依頼内容に含まれない場合は不要)
6.概算費用	概算費用 (依頼内容に含まれない場合は不要)
7.効果予測	この方法を導入した場合の効果予測 (依頼内容に含まれない場合は不要。経済効果、心理効果を含めて)
8.添付資料	添付資料がある場合はタイトル名を入れる

※大日程とは、提案・企画の決定から準備段階、スタートその後の予定までを含めた大まかなタイムスケジュール。

Dタイプ:初級「総合提案論理型」

提案先部署、役職、氏名　殿(企業の場合は社名御中)

提案日

提案件名

提案者部署、氏名
(企業の場合は社名)

1.現状分析と課題	提案に至る現状分析から導き出される課題
2.目的・ねらい	課題を解決するためのねらいや目的
3.提案タイトル	提案のタイトル(魅力的な言葉で表現する)
4.提案のポイント	提案の考え方と提案ポイント
5.対象	提案を実施する対象(なるべく具体的に)
6.方法	提案内容を箇条書きで項目別に説明する
7.スケジュール	準備段階から実施に至るまでの大日程 (依頼内容に含まれない場合は不要)
8.概算費用	概算費用 (依頼内容に含まれない場合は不要)
9.効果予測	この方法を導入した場合の効果予測 (依頼内容に含まれない場合は不要。経済効果、心理効果を含めて)
10.添付資料	添付資料がある場合はタイトル名を入れる

Eタイプ:中級「総合商品提案結論型」

提案先部署、役職、氏名　殿(企業の場合は社名御中)

提案日

提案件名

提案者部署、氏名
(企業の場合は社名)

1.提案タイトル	提案のタイトル(魅力的な言葉で表現する)	
2.提案理由 (考え方、提案意、図目的など)	なぜ提案するかの理由、提案に至った経緯や提案目的など	
3.商品名案	商品にふさわしいネーミング(登録商標などの確認も)	
4.商品コンセプト	商品の開発の基本的な考え方を説明する	
5.対象	想定販売対象(なるべく具体的に)	
6.商品内容・デザイン	商品特徴・内容	商品デザイン
	商品特徴を具体的に説明する	商品特徴がわかるデザイン、スケッチなど(詳細は添付資料に)
7.販路	どの販路を使うか、使用する販路を提示する	
8.価格	販売価格と価格体系の設定	
9.広告、販促	広告や販促手法のポイントを書く	
10.販売目標	想定販売目標を書く	
11.スケジュール	準備段階から販売に至るまでの大日程	
12.収益見込み	想定販売目標に対する収益見込み	
13.添付資料	添付資料がある場合はタイトル名を入れる	

Fタイプ:中級「総合事業提案結論型」

提案先部署、役職、氏名　殿(企業の場合は社名御中)

提案日

提案件名

提案者部署、氏名
(企業の場合は社名)

1.提案タイトル	提案のタイトル(魅力的な言葉で表現する)	
2.提案理由 (考え方、提案意図、目的など)	なぜ提案するかの理由、提案に至った経緯や提案目的など	
3.事業名案	事業にふさわしいネーミング (ビジネス特許などの確認も)	
4.事業コンセプト	事業の基本的な考え方を説明する	
5.対象	想定販売対象(なるべく具体的に)	
6.事業特徴・内容	事業特徴	事業内容
	事業の特徴を具体的に説明する	事業の具体的な内容・ポイント(詳細は添付資料に)
7.販売方法	どのような売り方をするのかを提示する	
8.価格	販売価格と価格体系の設定	
9.広告、販促	広告や販促手法のポイントを書く	
10.販売目標	想定販売目標を書く	
11.スケジュール	準備段階から販売に至るまでの大日程	
12.収益見込み	想定販売目標に対する収益見込み	
13.添付資料	添付資料がある場合はタイトル名を入れる	

02

提案書・企画書フォーマット（G〜J）

【Gタイプ：初級】簡潔文章提案論理型

文章型の2枚で構成する論理型展開の提案書・企画書フォーマットです。書き慣れていない人でも作成しやすい提案書・企画書タイプであり、自主提案にも依頼提案にも活用できます。

- **現状分析と課題設定から入る**
- **基本方針、実施方法、スケジュール、費用、効果予測という流れになる**

現状分析と課題設定から入り、提案の基本的な考え方までを1枚にまとめます。次の1枚で実施方法、実施スケジュール、概算費用、効果予測を示す構成になっています。項目の順序を変えれば結論型に変えることも可能です。

できる限り論理的に、なおかつ簡潔にまとめることがポイントです。だらだらした文章は極力さけ、箇条書きにしたりします。

文章で構成することが主眼ですが、図表を挿入したりすると説得力を出すことができます。

提案書・企画書フォーマット

【Hタイプ：中級】総合文章提案論理型

主に取引先企業への自主提案に使用し、文章型の数枚で構成する論理型展開の提案書・企画書フォーマットです。簡単に作成でき、項目の順序を変えれば結論型にも変更できます。

- **提案書フォーマットGタイプに表紙や挨拶文をつける**
- **挨拶文は挨拶だけにとどまらず、提案のポイントや要旨を簡単に説明する**

構成要素は、提案書フォーマットGタイプ（現状分析と課題設定、基本方針、実施方法、実施スケジュール、概算費用、効果予測という流れ）に表紙や挨拶文をつけ、取引先企業に対して失礼のない体裁になっています。

表紙や挨拶を加えることで提案書・企画書に「ボリューム感」「丁重感」をもたせることができます。挨拶文は挨拶だけにとどまらず、提案の目的や要旨を簡単に説明するようにします。どういう目的で何を提案するのかというポイントを箇条書きで要領よく提示します。

挨拶文は、形式的な内容しか書けないようならば割愛しても構いません。

Gタイプと同様に文章で構成されるため、図表を適度に取り入れると、説得力や信頼性を高めることができます。

3. 実施方法

具体的な実施方法（どのようにして実施するか）

4. 実施スケジュール

準備から実施までの大日程

5. 概算費用

概算費用を算出する。事業提案や商品提案など収益が伴う場合は収益計画

6. 効果予想

提案の実施による効果。経済効果、心理効果を含める

Gタイプ:初級「簡潔文章提案論理型」

提案先企業名　御中（社内提案の場合は部署名、役職、氏名　殿）

提案日

提案件名

提案者部署、氏名
（または企業名）

1. 現状分析と課題設定

社会動向など提案に関連する事項

業界の課題（問題点）

他社の動向（競合の動き）

課題設定（現状と問題点から解決すべき課題を設定）

2. 提案の基本的な考え方

●タイトル（魅力的なものに）

●提案理由（考え方、企画意図、目的など）

●対象（ねらう対象を具体的に）

●主な提案のポイント（解決方法、箇条書きにまとめる）

○○○に対するご提案

ご挨拶（前書）

どういう目的で
何を提案するか
のポイント
（たとえば）
●コストダウン
●質の向上
●新システム　など

（場合によっては省くこともある。）

1

Hタイプ:中級「総合文章提案論理型」その1

提案先企業名　御中（社内提案の場合は部署名、役職、氏名　殿）

○○○に関するご提案

（提案のタイトル）

提案月日

社名

（社内提案の場合は担当部署、氏名）

3. 実施方法

具体的な実施方法（どのようにして実施するか）

内容が多い場合は数頁になる

4. 実施スケジュール（準備から実施までの大日程）

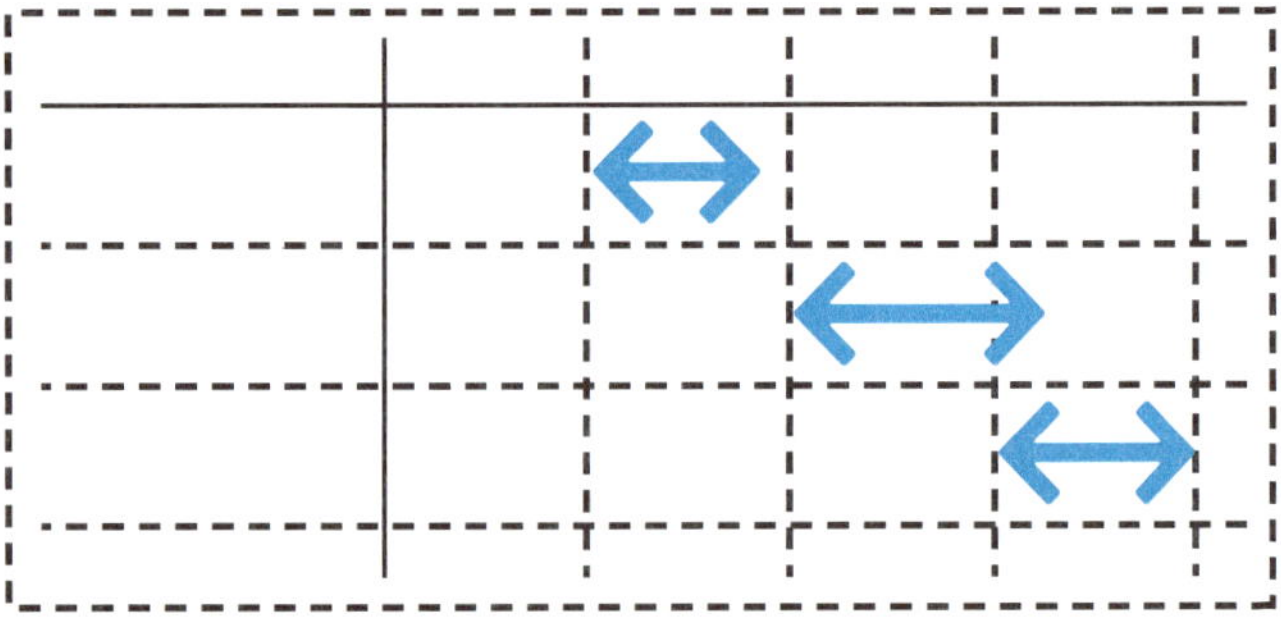

5. 概算費用

項目の立て方を統一（予算の項目を統一する。事業提案や商品提案など収益が伴う場合は収益計画）

6. 効果予想

提案の実施による効果。経済効果、心理効果を含める

3

Hタイプ:中級「総合文章提案論理型」その2

1.現状分析と課題設定

社会動向など提案に関連する事項

他社の動向(競合の動き)

業界の課題(問題点)

課題設定(現状と問題点から解決すべき課題を設定)

2.提案の基本的な考え方

- タイトル(魅力的なものに)
- 提案理由(考え方、企画意図、目的など)
- 対象(ねらう対象を具体的に)
- 主な提案のポイント(解決方法、箇条書きにまとめる)

2

【Ｉタイプ：上級】簡潔総合提案論理型

主に社内で使用する最も要約された1枚・一表型の提案書・企画書フォーマットです。内容が充実していますので、1枚であっても、コミュニケーションがよくとれている取引先企業への提案としても使用することもできます。

- **書き込む内容が豊富なため要領よくまとめる。紙のサイズはA４判の横使い**
- **書き方は１枚の紙を３分割して使用する**
- **現状分析、基本方針、解決策展開をわかりやすく**

取引先企業に対する提案で、表紙もなく、たった1枚では失礼だと思われる場合は、数枚に提案内容を分けるのも一つの方法です。

A４判を横に使うことで豊富な情報を盛り込むことができ、論理的に提案内容をまとめることができます。3分割することで、シンプルで美しい形に仕上がります。

この流れで提案の起承展結が明確に表現でき､論理的に展開できるメリットが生まれます。

現状分析では、集めた情報から提案に関連するものに絞り、要領よくまとめるのがコツです。現状分析、基本方針、解決策を1枚の紙で通してみせることができ、一貫性があるかどうか、ひと目でチェックできます。

【Jタイプ：上級】総合提案論理型

取引先企業にプレゼンテーションをするために、パワーポイントなどを使って作成する図表型の提案書・企画書フォーマットです。主流は企画書としての活用になります。

構成要素は、現状分析から基本戦略、提案のポイント、具体的展開内容、スケジュール、費用・効果予想です。

パワーポイントなどで作成すると、デザインの幅が広がり、説得力を高められます。

- **文字だけの表現はできるだけさけ、図表を効果的に活用する**
- **1枚で1つの項目が説明できるように工夫し説得力を高める**
- **統一したデザインによってより強い印象を与えるようにする**

各項目をそれぞれ1枚に要領よくまとめることが必要です。企画書としてまとまりのあるものに仕上がって、アピールしやすくなり、提案先も読みやすくなります。書き足りなくても枚数を増やすことは極力さけるよう、情報を絞り込みましょう。

デザイン力も大切な役割を果たします。余白の使い方や文字の配置、大きさ、色使いなども重要です。強調したい見出しやポイントなどに色を使って目立つようにします。

とはいえ、あまり色数を使いすぎると、品がなくなり可読性も弱くなります。

提案日

○○○○○○

提案者部署、氏名
（企業の場合は社名）

か、ねらいや目標を明確にする。

スタイルも考慮。

（コンセプト・切り口・タイトル）

り口を決める。

を選ぶ。

箇条書きで解説する。

[3]具体的展開

1. 実施方法

●実施のポイント
具体的な方法。詳細は別紙に添付。

2. 内容（表現やデザインなど）

●広告表現案、デザインの考え方、方向性。

3. 展開スケジュール

●準備から実施に向けての大日程。

[4]費用・効果

1. 概算費用（または収益計画）

●実施に伴う概算費用。商品提案や事業提案など収入が伴う場合は収益計画を明示する。

2. 効果予想

●この方法を導入した場合の効果予想。
経済効果、心理効果を含める。

Iタイプ:上級「簡潔総合提案論理型」

提案先部署、役職、氏名　殿(企業の場合は社名御中)

提案件名○○

[1]現状分析

1.社会環境

- 世の中の流れ、とくに本企画の提案に関連するものをピックアップ。
  場合によっては、省略することもある。

2.市場動向

- 業界の大きな流れ。
- 商品動向、企業動向、流通動向など。

3.生活者動向

- 生活者の動向、使用率、購入希望、使用実態、ブランド別評価など。

4.競合状況

- 競合企業の商品力、特徴、短所、売れ筋、広告、販促、流通施策など。

5.貴社状況(社内提案は自社状況)

- 提案先の現状と問題点、特徴、短所など。

6.問題点要約と課題

- 上記の問題点の要約から課題を発見する。

[2]基本方針

1.目的・ねらい

- どういう目的で実施する

2.対象

- 誰をねらうか。
  なるべく、具体的に。
  商品との関連。
  属性別だけでなく、ライフ

3.基本方針

- 提案の基礎になるもの。
  コンセプトから提案の切
  タイトルを決める。
  企画で最も重要な部分。
  オリジナリティある言葉

4.提案のポイント

- 提案の内容のポイントを

○○の提案

[2] 基本方針

1. 目的・ねらい

老後生活の不安を…

2. 対象

退職後の資産を保有する…

3. 基本方針(切り口及びコンセプト・タイトル)

ライフサポーター…

2

○○の提案

4. 提案のポイント

サービス内容①	資産サポート…
サービス内容②	生活サポート…
サービス内容③	健康サポート…
サービス内容④	レジャーサポート…

3

Jタイプ:上級「総合提案論理型」その1

提案先企業名　御中（社内提案の場合は部署名、役職、氏名　殿）

提案名（仮題）

シニア向け事業
販売促進企画案

提案日
○○年○月

提案社名
（社内提案の場合は提案部署、氏名）

○○の提案

[1]現状分析

1.社会環境
65 歳以上の人口が…

2.市場動向
高齢者をサポートする仕組みがない…

3.生活者動向
裕福な高齢者が多い…

4.競合状況
サポートするサービスが少ない…

5.貴社状況

問題点の要約と課題

1

○○の提案

2. 内容（表現やデザインなど）

〈資産サポート〉
・・・・・・・・・・・・・・・・・
・・・・・・・・・・・・・・・・・
・・・・・・・・・・・・

〈生活サポート〉
・・・・・・・・・・・・・・・・・
・・・・・・・・・・・・・・・・・
・・・・・・・・・・・

〈健康サポート〉
・・・・・・・・・・・・・・・・・
・・・・・・・・・・・・・・・・・
・・・・・・・・・・・・

〈レジャーサポート〉
・・・・・・・・・・・・・・・・・
・・・・・・・・・・・・・・・・・
・・・・・・・・・・・

6

○○の提案

[4] 展開スケジュール

キャンペーン　　　会員獲得
・・・・・　　　・・・・・

[5] 概算費用（または収益計画）

広告活動費用…
DM 費用…

[6] 効果予想

会員獲得目標初年度…

7

Jタイプ:上級「総合提案理論型」その2

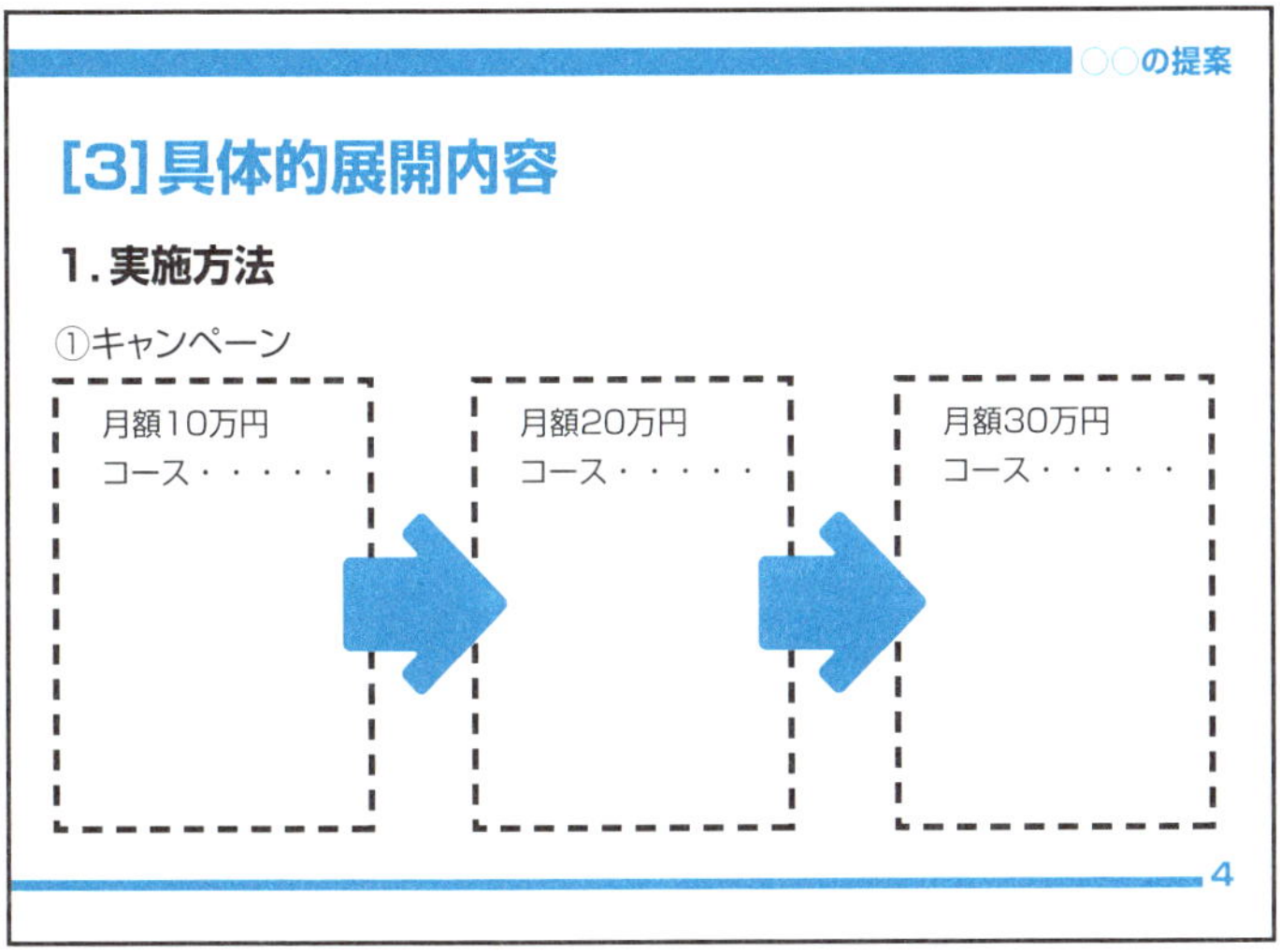

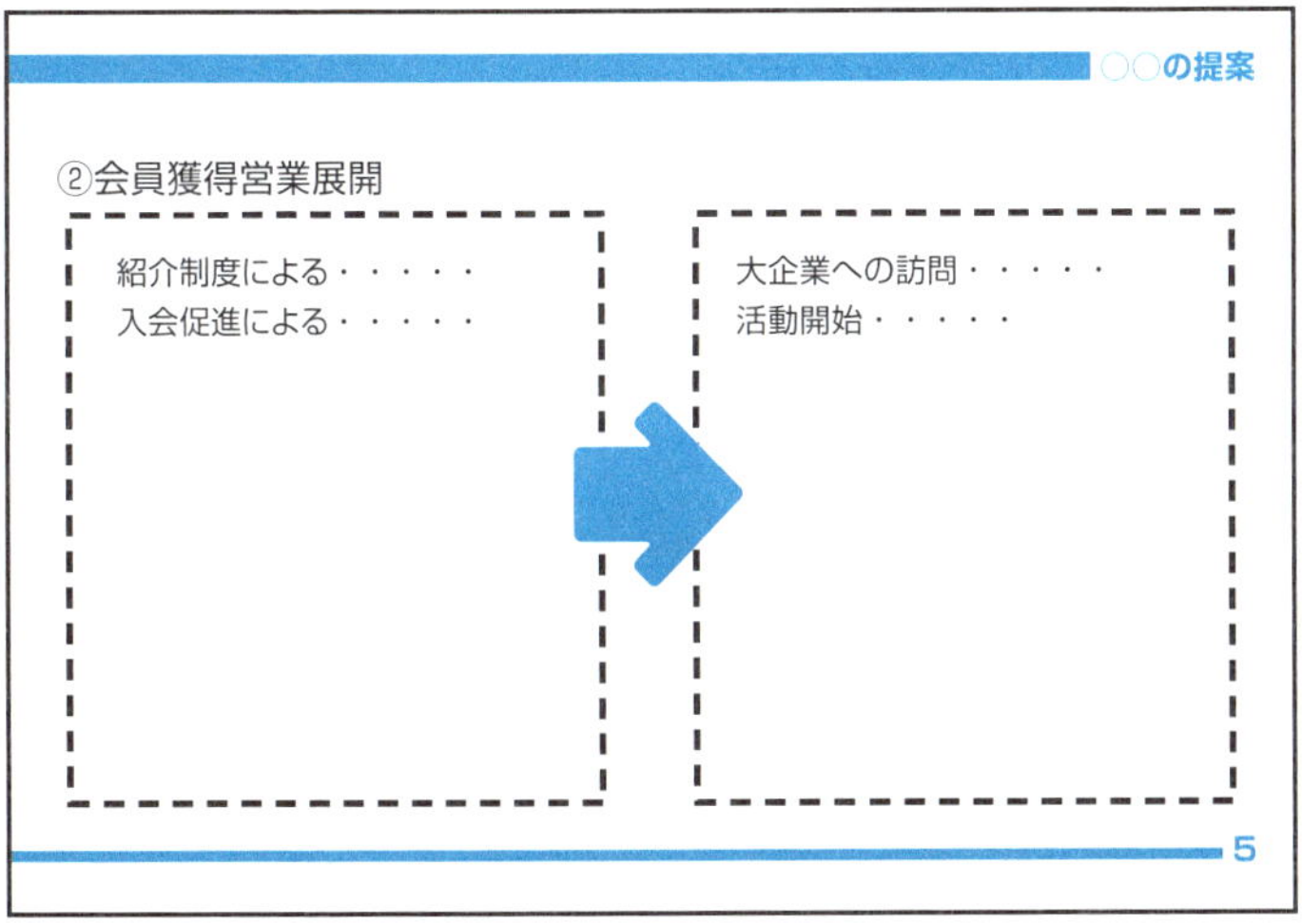

PART 4

提案書・企画書は、3つの構成要素でまとめる

01 現状分析は提案・企画のスタート地点

提案・企画の根拠となる大前提

提案書・企画書の内容の大前提になるのが、現状分析です。

現状分析とは、提案者であるあなたが現状をどう認識し、そこにはどういう特徴や問題があるのかを分析し、課題を発見する作業です。提案・企画のスタート地点となります。

- **提案・企画が単なる思いつきではなく、現状を分析したことによる根拠を提案先に示す**
- **現状としての問題点を掘り下げて、課題発見に結びつけるように分析する**

ことが必要です。現状分析は、提案書・企画書の「現状分析」という項目に一致します。

現状分析は社会環境、市場動向、生活者動向、競合状況、提案先状況など5つの項目から、提案に関する情報を収集します。これらの情報をもとに提案先の問題点・課題を発見します。集めた情報の中から提案に必要なものに絞って、提案書・企画書に盛り込みます。

スピーディに情報収集を行い、問題点から課題を早く発見することが上級者への近道です。

現状分析から問題点を見つける

1. 社会環境
●世の中の流れ
とくに本企画の提案に関連するものをピックアップ。場合によっては、省略することもある。

2. 市場動向
●業界の大きな流れ
商品動向、企業動向、流通動向など。

3. 生活者動向
●商品に対する動向
使用率、購入希望、使用実態、ブランド別評価など。

4. 競合状況
●競合企業の商品力
特徴、短所、売れ筋、広告、販促、流通施策など。

5. 提案先状況
●提案先の現状と問題点、特徴、短所など。

↓

問題点から課題を発見する

情報収集には、デスクリサーチと実態調査がある

情報収集はコツさえつかめれば、効率的に行うことができます。どの情報がどこに行けば見つけられるかが、その人のノウハウです。

情報収集で大切なことは、公表データを早く入手することです。

- **公表されているデータ＝新聞、雑誌、白書、単行本、専門レポート、インターネットなどで公表されている情報など**
- **調査が必要なデータ＝社外秘の企業内情報、店頭情報、販売情報、顧客満足度、専門家からのヒアリングなど**

公表データから集めることを、机上で集められるという意味で「デスクリサーチ」といいます。

情報収集の第一歩は、お金をあまりかけずにできるデスクリサーチから始めます。社内で多くの情報を保有している企業もあれば、ほとんど保有していない企業もあるでしょう。デスクリサーチからでは情報が足らない場合、「実態調査」が必要になります。ネットリサーチ、グループインタビュー、ヒアリングなどの手法を使ってデータを集めます。

知りたいことの全体像が見える情報を、いかに要領よく集めるかが肝心です。

情報収集の手法は2つ

手法	特徴
デスクリサーチ	**机上で調べられる情報** **書物、調査レポート、新聞、雑誌、TV やネットからの情報** ●上手に収集すれば低コストで情報収集可能
実態調査	**実際に調査する情報。時間と費用がかかる** **ネットリサーチ、グループインタビュー、ヒアリングなど** ●調査手法別の特徴をつかみ、効率的な調査を実施

課題を発見するためにどのような情報が必要か

課題を発見するためにどのような情報が必要であるかを考え、次にその情報をどこから得るかについて検討しなければなりません。主な情報収集先には次のようなものがあります。

- ネット活用での入手
- 業界・団体、業界紙
- ヒアリング、リサーチ、新聞雑誌などメディアからの情報
- 担当者から入手

行政機関などが発行する白書は、各業界・業態の基本情報がよく整理されています。最近は民間企業も白書を発行し、基本データが集約されていて役に立ちます。

これらの白書はネットでも一部入手することができます。

各種業界のマーケットシェアや市場占有率などの情報は、民間企業が発行するデータ類から入手できます。専門雑誌、経済雑誌、業界紙も重要な情報源です。

また、経験豊富なその道の専門家の話からは、多くのノウハウを学ぶことができます。

自分が知りたい内容のセミナーや異業種交流会には極力参加し、専門家から情報を収集するだけでなく、彼らとのパイプを持つことも重要です。

情報収集は5つの観点から

	A：情報収集内容	B：主な情報収集先
1. 社会環境	①国・公共機関のデータ（白書、家計調査、人口動態） ②民間データ（民間白書、シンクタンク） ③経済雑誌、経済新聞	ネット活用
2. 市場動向	①マーケット動向調査（マーケットシェア辞典他） ②民間のデータバンク（業界に強いデータバンク） ③業界団体・協会、専門家からの情報収集 ④業界雑誌、新聞	業界・団体業界紙、ネット活用
3. 生活者動向	①既存のリサーチデータ（業界リサーチデータの活用） ②POS データ（店頭で POS を活用したデータ：高額販売） ③ヒアリング（店頭や専門家からのヒアリング） ④消費者リサーチ（各種調査の実施） ⑤ソーシャルメディアや口コミ情報	ヒアリングリサーチ、新聞情報、ネット活用
4. 競合状況	①会社名鑑 ②民間のデータバンク ③業界団体・協会、専門家からの情報収集 ④業界雑誌、新聞	業界・団体業界紙、ネット活用
5. 提案先状況	①社内情報網活用によるヒアリング ②販売店でのヒアリング	担当者から入手、ネット活用

ヒアリングシート「依頼提案用」を使って情報を集める

取引先企業などからの情報収集にあたっては、重要なことを聞き忘れないようにするために「ヒアリングシート」の活用が効果的です。

項目内容は、業務によって、また依頼提案なのか自主提案なのかでも異なります。自分の業務に合った「ヒアリングシート」を作成するとよいでしょう。

「依頼提案用」のヒアリングシートでは、次の項目を確認しましょう。

- **「問題点」「課題」「目的」を確認する**
- **今回の提案はどの「対象」をねらったものなのか**
- **この方法で提案して欲しいという条件や業界の規制などがあるか**
- **いくらの費用（予算）で、いつまでに提案するのか（納期）**
- **過去にどんな内容で何を実施し、どんな効果があったかという実施状況**

取引先企業が「なぜ提案を求めるのか」の目的を確認することは、ヒアリングにおいて最も基本的な項目です。今回の提案が自社だけへの依頼提案なのか、他社に対しても依頼しているのかどうかも確認します。

ヒアリングシート:「依頼提案用」例

担当者名	
訪 問 日	

項目		
1. 事前記入 ①取引先企業		
②担当者名(役職)		
③過去の実績		
2. オリエン内容	●ポイント	●ヒアリング内容
①目的・課題	なぜ実施するのか 何を期待しているのか 課題と問題点は何か	
②対象	実施の対象	
③実施内容 ●手法に対する条件・要望		
●手法の方向性	期待している手法	
●過去の実施状況と効果		
④実施時期	いつ実施するか	
⑤総予算	提示された総予算	
⑥提出日	提案の提出日	
⑦提出内容	何を提出するか	
3. 背景分析 ①競合状況	単独か競合か	
②勝利条件	勝つための条件は 価格、企画、独自性など	
③可能性・特筆事項		

ヒアリングシート「自主提案用」を使って情報を集める

依頼提案では、取引先企業から情報を得て、ヒアリングシートを作成することが可能です。しかし、自主提案は取引先企業からの依頼ではないので、情報収集は難しくなります。ヒアリングシートの項目もおのずと内容が違ってきます。

そのため、日ごろの営業活動を通して情報を収集することが大切です。

そこで、質問力が重要になります。基本的な事柄を中心に聞きながら、次のような点に注意しましょう。

- **取引先企業の問題点や課題のヒントになる情報を会話の中から発見する**
- **質問項目を変え、業界など別の話題から、ポイントとなる情報を集める工夫をする**
- **面会で聞き出せなかったことは別の機会に別の方法で収集することも考える**

たった一度のヒアリングで知りたいことがすべてわかるわけではありません。もっと知りたいことの情報収集にあたっては担当窓口だけでなく、別の部署の人たちに対しても情報源をもつようにしなければなりません。

また、取引先企業の掲示板、社内報、ＰＲ誌、ホームページ、ＳＮＳや口コミ情報からも情報が入手できます。根気よく情報を集めることが大切です。

ヒアリングシート:「自主提案用」例

担当者名	
訪 問 日	

項目		
1.事前記入 ①訪問先企業		
②担当者名(役職)		
③過去の取引実績		
2.ヒアリング内容	●ポイント	●ヒアリング内容
①問題点と課題	企業が困っていること 企業の課題は何か	
②流通・販路	ルート販売か、直販か	
③顧客層	主な客層	
④重点商品・重点対策		
●重点商品		
●重点対策		
⑤過去の実施内容	どんなことを実施したか その効果や問題点	
⑥予算	年間の予算	
⑦競合状況		
⑧その他の情報		
3.当社の対応 ①提案の可能性	提案課題はあるか	
②次回の提案	次回の訪問内容	

02 課題を発見しよう

企画提案の土台である課題を設定する

収集した情報から問題点を探り、そこから提案・企画をする糸口を発見しなければなりません。それが課題です。複数の問題点のなかから課題を発見します。

- **最も重大と思われ、早めに解決を迫られている問題点を課題にする**
- **課題は絞り込むことで明確な解決策の提案ができる**

課題設定は提案書・企画書の土台づくりであり、課題が設定できなければ提案・企画はできません。解決策は課題から導かれるので、課題をたくさん設定しすぎると、解決策が多岐にわたりポイントがボケてしまいます。

また解決もできないような課題を選んでも自分が困るだけです。

したがって課題は、自分なりに解決の道筋をつけられるようなものを設定するのがコツです。当然、依頼提案の場合は、困難な課題に挑戦しなければならないケースも多いでしょう。

課題発見のポイント例

Q1： 商品が売れなくなって困っていませんか。

Q2： 競合商品・店舗の登場で困っていませんか。

Q3： 苦戦している地域はありませんか。

Q4： 商品の認知、内容理解が低くありませんか。

Q5： 流通の人たちが知らない、わからないのではありませんか。

Q6： もっと効率のよい手法があるのではないですか？

Q7： 消費者が使い方を知らないのではありませんか。

Q8： 新しい売り方が必要ではありませんか。

Q9： ネットや携帯電話を販売・販促に使っていますか。

Q10： ネットや携帯電話での販売・販促に問題はありませんか。

03 基本方針である目的、ねらいを決めよう

相手を納得させる「こだわり」としてのコンセプト

課題の設定を受けて、それをどう解決するかという基本方針を考えます。提案・企画のねらいや目的、場合によっては目標などが基本方針になります。

さらに、目的達成の考え方を明確にするために、コンセプトという言葉を使う場合があります。コンセプトとは、その商品や提案内容にどのような意味づけをもたせるかということ。次のようなものがコンセプトです。

- **個別提案の前提となる基本的な考え方**
- **ひとことで言える短いキーワードとなるもの**

コンセプトとは、「こだわり」のようなもので、これを光らせるのが企画の面白さです。

例として、自動車づくりのコンセプトをあげてみました。なお、基本方針には、数値として改善・改革目標値を示す場合もあります。

コンセプトを光らせる

コンセプトとは「概念」とか「意味づけ」という意味。
その商品や事柄にどのような意味づけをもたせるかという「こだわり」のようなもの

↓

例：自動車づくりのコンセプト

コンセプト A	コンセプト B	コンセプト C
「運ぶもの」	「スピードを楽しむもの」	「デートを楽しむもの」
↓	↓	↓
商品づくりは 「積載スペース」 「積載重量」	商品づくりは 「最高速度」 「加速性能」	商品づくりは 「室内環境」 「外観・スタイル」 「ステータス」

ポジショニングを決める

コンセプトを考えるときや、また提案先にわかりやすく示すときに役立つのが、ポジショニングです。これは、企画の対象の位置づけのこと。それがどのような位置づけになっているかについて、他と比較して考えることは企画のうえで非常に重要です。

とくに、事業企画書や商品企画書の場合に、企業や商品のポジショニングを決めることは効果的です。先行企業や先行商品がどのような特徴でヒットしているかを考える際には、企業や商品の位置づけを明確にし、自社がねらうべき領域やチャンスのある領域を見つけ出したりします。通常、ポジショニングを決めるには次のようにします。

- **縦・横の2軸で構成するポジショニング・マップを設定する**
- **ポジショニング・マップに対象を点や丸で位置づける**

例えば、商品企画の場合、顧客が商品を選ぶ基準を縦横軸に設定します。左図では、デザインを横軸とし、機能を縦軸にしています。このポジショニング・マップ上に競合商品を配置します。

そこから自社が参入する際のポジショニングがどこにあるかを、競合との比較の中で発見し、新規参入の可能性を明確にします。

ポジショニング・マップ例

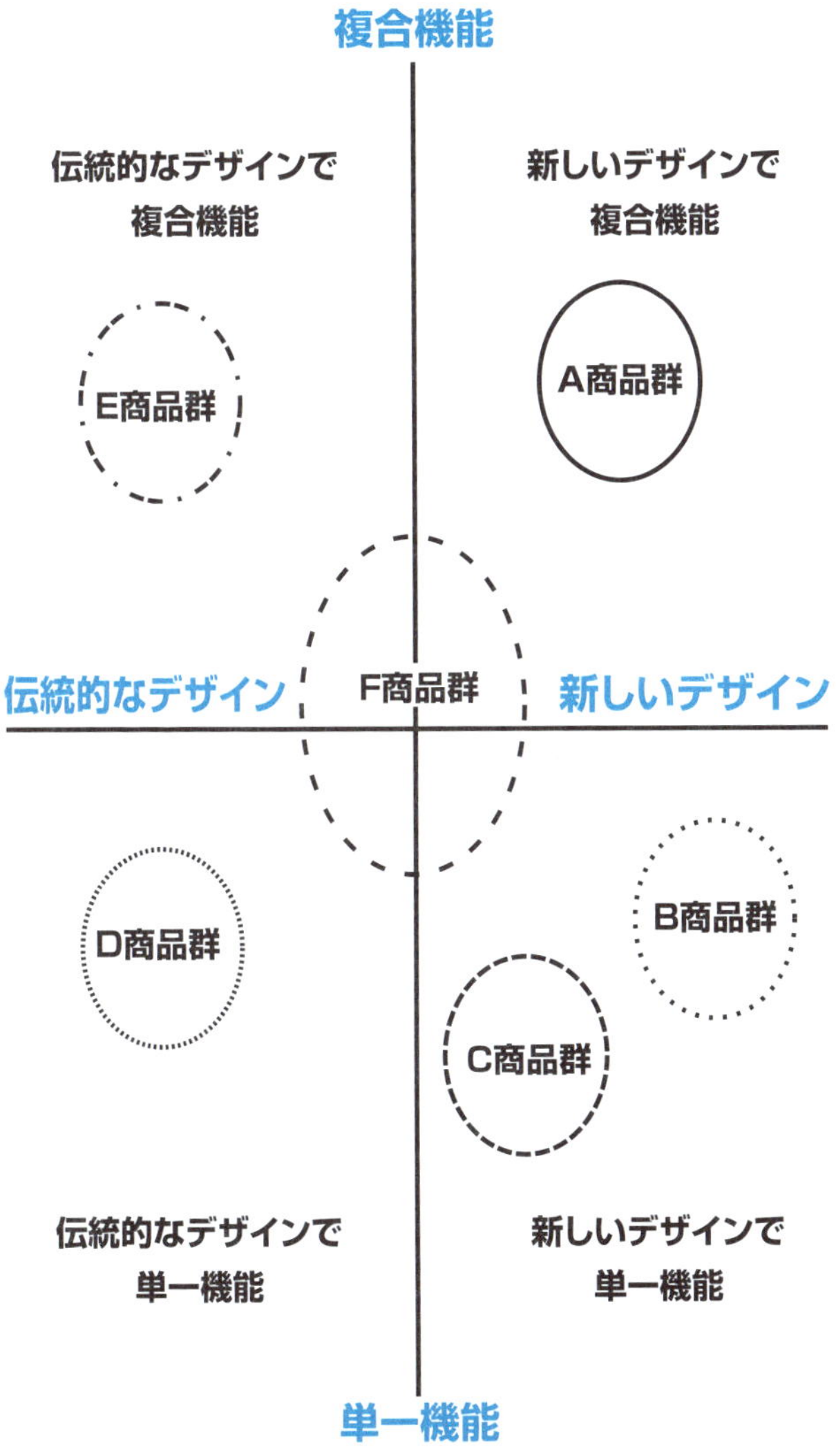

対象をきちんと設定する

その企画が対象としているターゲットがあいまいだと、基本方針である目的、ねらいを明確にできないこともあります。ターゲットは、

- 企画の目的を達成するのにふさわしいか
- 範囲をもっと広げるか、もっと狭めるか
- もっと違う切り口はないか

などについて、検討して設定するようにします。

社内提案の場合は、(1)役職、(2)部署、(3)性別・年齢、(4)入社歴、(5)能力などの切り口でとらえることができます。例えば、「役員向け」特別研修、「中途社員1年以内社員向け」説明会、「女子社員向け」マネジャー養成講座などがあげられます。

企業を対象とする場合も、大企業から中小企業まで、またさまざまな業界があり、切り口を鮮明にしなければなりません。

生活者を対象とする場合も、性別などの属性ばかりに注目するのではなく、左図のように生活レベル、志向・ライフスタイル、所有商品、購入意向などについて、立体的に対象をとらえることが肝心です。

ターゲットを明確にする考え方の例

①属性	性別、年齢別、家族構成、既婚・未婚、地域別など
②生活レベル	収入、支出、貯蓄など生活レベルなど
③志向・ライフスタイル	趣味、嗜好、生き方、考え方など
④所有(使用)商品	所有(使用)商品、銘柄や利用状況(ロイヤルカスタマー)など
⑤購入意向	潜在見込み客、見込み客の購入意向など

立地ビジネスの場合

商圏
徒歩圏 自転車利用圏 自動車利用圏 公共機関利用圏

広告戦略の場合

リアル・ターゲット	イメージ・ターゲット
実際に購入する人	広告で表現する人

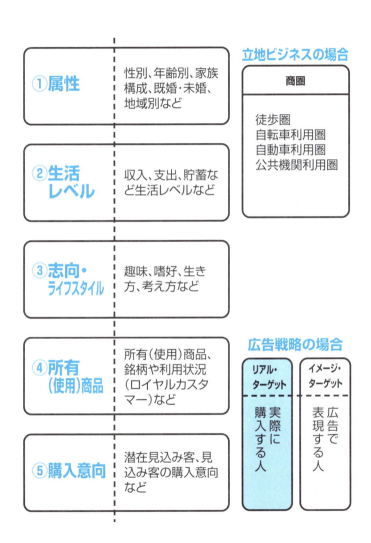

04 結論としての解決策を提案する

切り口・着眼点を鮮明にした解決策を示す

設定された基本方針をどのような切り口で解決するか。あなたが結論として考えた解決策を鮮明に印象づけられるかどうかで採否は決定づけられます。

切り口とは、どこに目をつけるかという着眼点です。解決策には、次の点が求められます。

- **基本方針やコンセプトを具体策として落とし込んだ内容**
- **実行可能で現実的なもの**
- **提案先にメリットを与えるもの**

解決策とコンセプトとの間に大きなギャップがあってはなりません。「コンセプトは斬新だけど解決策は陳腐」では、相手先の期待を裏切ることにもなります。

当然、コンセプトと関係ないような解決策であってもいけません。左図では、例えば「コト」を切り口にして解決策を考えようとしています。

新しい売り場提案例：「モノ」から「コト」へ

商品を購入する
「モノ」支出の減少

「コト」つまり、
サービス支出の増加、
40%以上に

「コト」とは

絵画を楽しむ
人とつながる
健康になる
快眠できる

「売り場」は

これまではモノ売り場

時計売り場
家電売り場など

これからはコトを
テーマとした売り場

「健康」「快眠」「音楽」
などがテーマの売り場

提案にふさわしいタイトルを決める

解決策のタイトルは、提案書・企画書の顔になる部分。一般的な言葉ではなく、提案・企画にふさわしい名前をつけましょう。

期待感や好奇心をくすぐるもの、覚えやすい言葉を使います。タイトルで提案が生きたり死んだりし、提案を受ける側の印象はかなり変わります。

例えば、「シニアの定年後の組織化提案」の場合、そのままをタイトルにしないで「ハッピーリタイア倶楽部の提案」とか「悠々自適な人生計画の提案」というタイトルで提案しましょう。次に紹介するのは、時代にマッチした「タイトル」の事例です。

- 話題の言葉……政治では「アベノミクス」「3本の矢」など、世代では「ゆとり世代」「さとり世代」など、観光では、「クルーズトレイン　ななつ星in九州」「リニア新幹線」など、シニアでは「エンディングノート」「アクティブシニア」など
- 流行語となった言葉……「壁ドン」「レジェンド」「2025年問題」「危険ドラッグ」など
- 汎用的に使われている言葉……「○活」「○○ハラ」「○○難民」「○○女子」「○○男子」「○○予備軍」「○○詐欺」「○○カフェ」など

こうした言葉をヒントに提案のタイトル名を作成すると、説得力が高まります。

話題になったヒットタイトル事例

政治	「アベノミクス」「3本の矢」「地方創生」「産業観光」など
世代	「ゆとり世代」「さとり世代」「生涯シングル」「次世代」など
シニア	「エンディングノート」「自分史」「育ジイ」「イクボス」「アクティブシニア」「シニア大学」「終活」など
観光	「クルーズトレイン ななつ星in九州」「リニア新幹線」「工場見学」「体験ツアー」など
活性化	「婚活」「妊活」「就活」「骨活」「朝活」など
ハラスメント	「マタハラ」「セクハラ」「家事ハラ」など
流行語	「壁ドン」「ダメよ〜ダメダメ」「こぴっと」「レジェンド」「2025年問題」「危険ドラッグ」など
ウェブ	「クラウド」「ポイントカード」「3Dプリンター」「eラーニング」「SNS」「ビットコイン」など
生活	「○○難民」「○○女子」「○○男子」「○○予備軍」「○○詐欺」「○○婚」「○○割」「○○カフェ」「シェア○○」など

05 実施プランを作成しよう

内容、方法を具体化し、スケジュールを立てる

実施プランは、解決策に含まれる個別の具体策です。解決策を実施するのに、どのような方法や内容で、いつ、どこで行うかなどを説明します。次のような工夫が考えられます。

- 項目別に箇条書きでまとめる
- 日程に関しては大日程と小日程に分ける
- 費用を算定し収益計画を立てる

大日程はおおまかなタイムスケジュールであり、提案・企画の決定から準備段階、スタート、その後の予定まで含みます。小日程はさらに細かく日程を詰めたものです。

費用は、概算費用と詳細費用に分けられますが、提案・企画段階では概算費用になります。

事業提案では事業の収益計画、商品提案では生産、販売に関する収益計画が必要です。できれば3年後までの収支を表記し、3年で単年度収益が出るような計画にします。

スケジュールと費用を示す

スケジュール(大日程)

●準備期間	3カ月間
●キャンペーン実施期間	6カ月間
●フォロー期間	2カ月間

実施費用(概算費用)

●制作関連費用	1000万円
●イベント関連費用	3000万円
●広告媒体費用	5000万円
●企画運営管理関連費	800万円
総費用	9800万円

収益計画

項目	初年度	2年度	3年度
売上高	5億円	8億円	20億円
原価	4億円	6億円	10億円
営業利益	1億円	2億円	10億円
諸経費	3億円	4億円	5億円
単年度収益	▼2億円	▼2億円	△5億円
累積収益	▼2億円	▼4億円	△1億円

効果を予測する

提案を実施したら、どのような効果があるかを予測することは重要です。とくに自主提案は効果が見えないと、提出した提案・企画が本当に期待できるものかどうか判断できません。提案を実行した際の効果を、正確に予測することは難しいもの。過去に同様の内容を実施していても、前提条件や環境の違いなどの影響で微妙に結果が異なるからです。

しかし、提案・企画を受ける側としては、効果がわからないのでは実施に踏み切れません。効果の予測については、次の点に注意しましょう。

- **効果には経済的な効果や心理的な効果が含まれる**
- **ねらいや目的と連動する**
- **主観で効果予測をしない**

あるコンテストで応募数を安易に1万通ぐらいは集まると予測していたところ、キャンペーンを実施したらわずか千通にしか達しなかったということはよくあります。これは、企画の段階である程度の効果予測をすることがいかに大切であるかを示しています。

販売促進の企画の場合は、左図のようにいろいろな参考データをもとに提案内容の効果について予測することが必要です。

販促の効果

①紹介制度の成約率	●高額耐久消費財のような場合：紹介DMに対して、購入率は0.1 ～ 0.2%程度 ●住宅購入で購入者の紹介によるもの：50～60%程度 ●食品通販の新規購入者の中での紹介によるもの：30～ 50%程度
②抽選券付きセールの景品引換え率	●後日引換え方式の場合：10 ～ 30%程度
③クーポンの引換え率	●新聞広告：0.1 ～ 0.2%程度 ●折込みチラシ：2%程度 ●店内クーポン：10%程度
④ダイレクトマーケティング関連	●通販広告(新聞)：0.01～0.05% ●販売にかかわる集客コスト（CPO：コスト・パー・オーダー）：平均1万～3万円程度（一部5万～数万円も）
⑤IT関連（メールでの購入率）	●ネット経由のリスト：0.3～0.5% ●良い顧客リスト：1～2%

数字は、筆者の経験や発表のデータなどからの推定による。

06

提案書・企画書をまとまりのあるものにする

■一貫性と論理性、ドラマはあるか

効果まで書き終えたら全体を見渡し、提案書・企画書として一貫性と論理性をもつものにしなければなりません。次の点を含めて、最後にチェックします。

- **基本方針に合わないものは徹底的にカットする**
- **なぜ提案をするのかを、一貫性をもって論理的に説明できるようにする**
- **ドラマチックにまとめる**

社内提案は1枚に要領よくまとめ、補足資料などは添付します。取引先企業への提案は、1枚では言葉不足も生じますので数枚にまとめて提案します。基本方針に合わないものはカットします。また、説得力を上げるためにはドラマのような演出が大切です。

書き方としては、相手先が判断しやすいように、現状分析と基本方針、解決策などの構成要素ごとの区切りを明確にするようにしましょう。

提案書・企画書のまとめ方・書き方

まとめ方:2つのポイント

「一貫性と論理性」

基本方針に合わないものは徹底的にカットする

「ドラマチック」

問題点を絞り込み、課題を発見し、見事に解決する提案は、推理小説のようなもの

書き方:5つのポイント

1. 区切りを明確にする
2. 文章には見出しをつける
3. 見出しは短く、動詞でしめる
4. できるだけ箇条書きにする
5. 重要な場所にグラフや表を使う

07

プレゼンテーションを実施する

効果的なプレゼンテーションを行うには

提案書・企画書を上司や取引先企業に提案するプレゼンテーション（プレゼン）には、事前準備、想定質問への回答、説明時間を考えたリハーサルを行ったうえで参加します。

リハーサルでは、提案書・企画書を見ずに3分間で内容をスムーズに説明できれば、十分説得力が高まるでしょう。プレゼンでは次の点に注意します。

- 最初に何のプレゼンなのか、所要時間なども説明してはじめる
- 視線は相手先に向け、提案書など書類ばかりを見ないで自信をもって説明する
- 相手先の反応を見ながら説明し、どこを説明しているか常に頁を確認する
- 説明が終了したら要約をする
- 質疑の時間を設け、出された質問には的確に回答する
- 質問に即答できない場合は、後日時間を決めて改めて説明すると回答する

効果的なプレゼンテーション

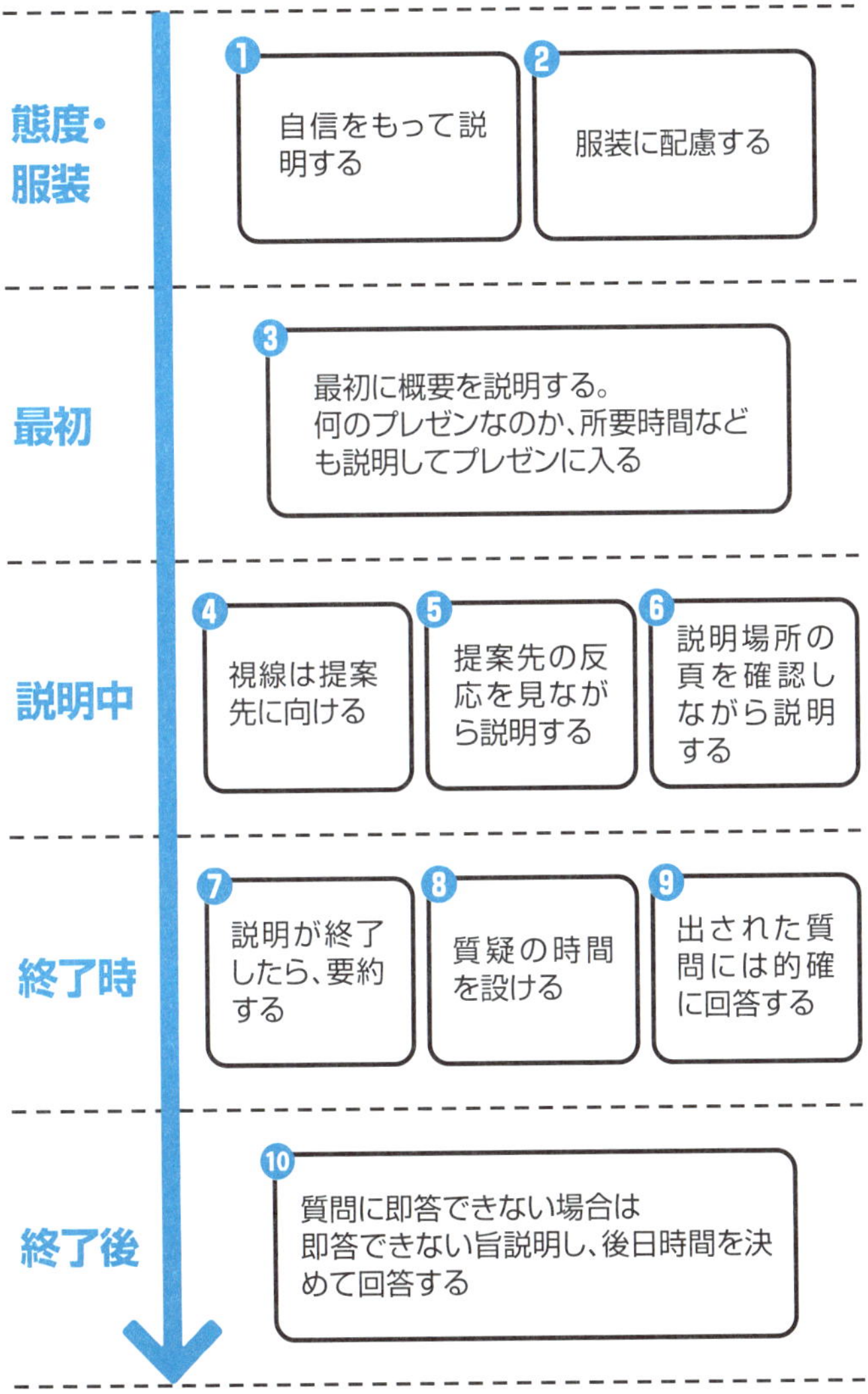

08 最後に15秒の説明で、提案の主旨をまとめる

「一番言いたいこと」を明確にしておく

提案書・企画書に書いたことを「時間をかけて説明すればよい」ものではありません。とくに分厚い提案書・企画書の場合、多くの情報を提供するため、提案先に混乱を招くことがあります。情報が多岐にわたると、ポイントが不明確になり、説得力が弱まるからです。

プレゼンテーションの場で大切なことは、提案書・企画書で「一番言いたいこと」を明確にし、「しっかりと説明できる」こと。そのために、プレゼンテーションの最後に「15秒で決める」ことが重要になります。

なぜ、15秒なのでしょうか。私たちは、テレビCMを知らないうちに見て、覚えてしまいます。多くのCMは15秒でできています。15秒あれば、70~80文字ほど話すことができます。短いようですが、次頁のような工夫をすれば、十分内容が盛り込めます。

端的に説明できるため、説得力があり、提案先にもしっかり理解してもらえます。

15秒で説明できる内容事例

事例1:集客対策

○○への集客対策を実行することで、私たちがねらう「知的好奇心」の高いお客様に、3つの場を提供することができます。

1.「早朝大学」で未来塾
2. 早朝研究会
3. 早朝交流会

以上の3つです。

事例2:イベント対策

○○のイベントによって、「子どもが自由に楽しく遊べる空間を提供する」ことで、次の3つを実現できます。

1. 自分の意思で遊ぶ
2. 仲間ができる
3. 想像力を育てる

事例3:媒体戦略

○○の媒体戦略は、
「Facebook、Twitter、LINE、YouTubeなどのSNSを活用すること」で、低いコストで高い効果が期待できます。

PART 5

すぐ使える！社内での提案書・企画書事例

01

社内提案では何が必要か

どの部署でも提案のチャンスがある

社内提案は、上司からの依頼を待つのではなく、自主的に取り組むようにしましょう。どのような部署でも社内提案のチャンスは至るところにあります。

- 経営企画部門……経営ビジョン・中期計画の立案や見直し、組織体制の見直し、吸収合併、新規事業など
- 管理部門……経費のコストダウン、業務の簡素化・スピードアップ、人事・組織の見直し、専門能力の強化教育など
- 営業部門・マーケティング部門……得意分野の強化、新規顧客開拓、ダイレクトマーケティング導入、顧客満足度向上、顧客の組織化、広告や販促手法や費用の見直し、調査手法の見直し、ネットやIT活用の提案営業能力向上など
- 生産・仕入れ部門……原価のコストダウン、仕入れシステムの見直しなど

部署別 社内での提案のチャンス

経営企画部門	管理部門
●経営ビジョン・中期計画の立案や見直し提案 ●全社的な組織体制の見直し、吸収合併提案 ●新規事業などに関する提案など	●経費のコストダウン提案 ●業務の簡素化・スピードアップ提案 ●人事・組織の見直し提案 ●専門能力の強化教育の提案など
営業部門 マーケティング部門	**生産・仕入れ部門**
●新規事業、得意分野強化提案 ●新規顧客開拓提案 ●ダイレクトマーケティング提案 ●顧客満足度向上、顧客組織化提案 ●広告や販促手法や費用の見直し提案 ●ネットや IT 活用の提案など	●原価のコストダウン提案 ●仕入れシステムの見直し提案 ●協力会社の見直し提案 ●共同仕入れの提案など

社内提案は、シンプルにローコストでスピーディに

社内提案では、提案書・企画書づくりもムダを省かなければなりません。「シンプル提案」「ローコスト提案」「スピード提案」の3つが重要です。

●提案する枚数を極力減らし、具体的ですぐ実施できる内容にする

提案書・企画書では、挨拶文などの余分な言葉は極力さけるようにします。

●お金をかけない提案内容にする

あまり高額な費用がかかる提案は、たとえ提案内容が的を射たものであっても、経済的に余裕がなく断念せざるを得ない場合もあります。

●依頼提案は早めに仕上げ、自主提案も少しでも早いタイミングで提案する

上司からの依頼提案は提出期限前に完成し、上司の意見を加え確実に実施できる提案にしたいものです。

提案を受けた上司はトップへの相談、幹部会議などでスピード決裁することが大切です。提案内容によってどの部門、どのレベルの役職者が決裁すべきか判断します。

自主提案しやすい環境づくりも必要です。「提案制度」を実施し、社員からの提案を積極的に受け入れている企業もあります。

社内提案には3つが重要

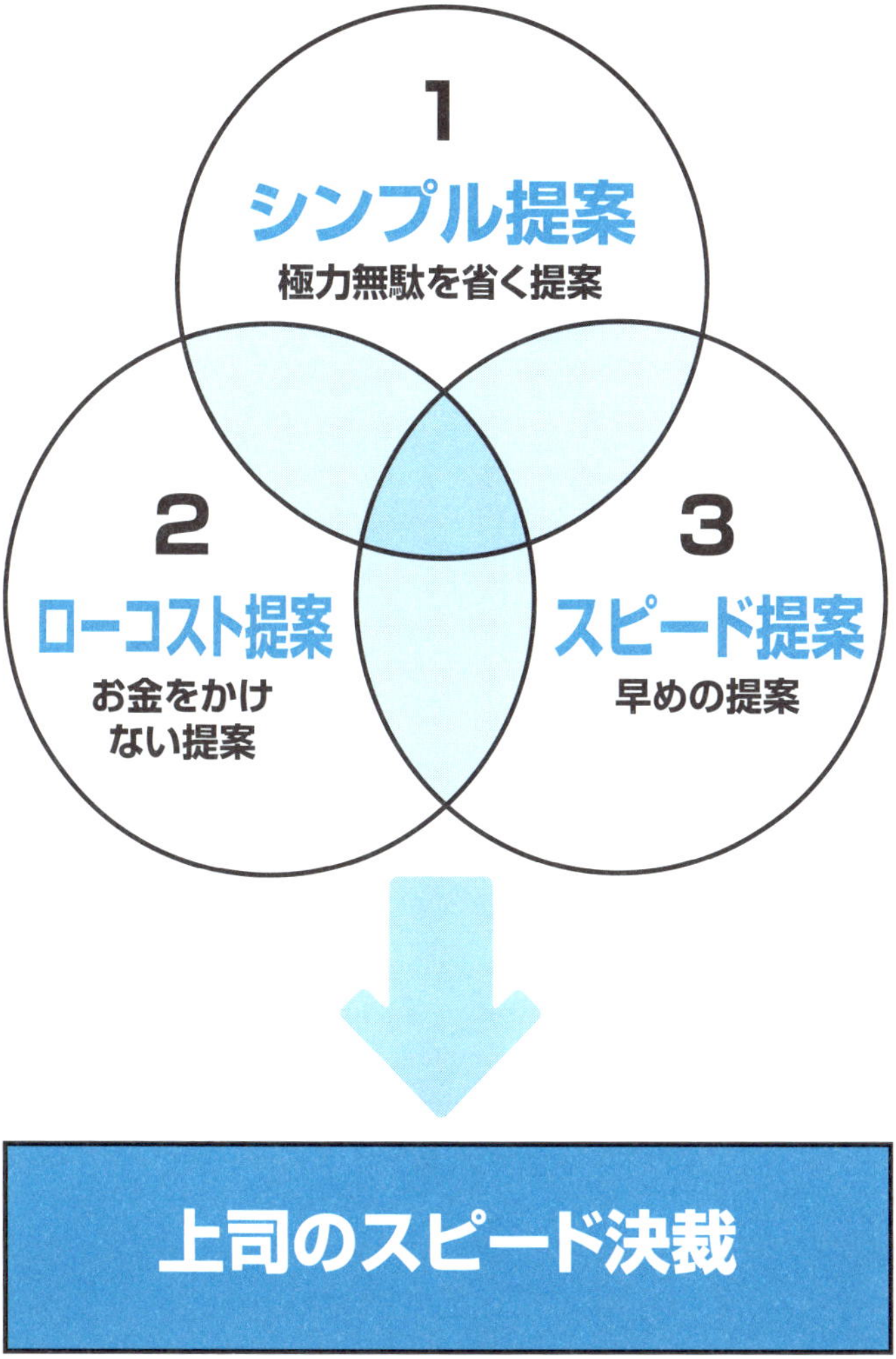

02

提案企画書事例①ウェブ集客提案

ウェブ集客に対するポイント

ウェブ集客のポイントは「成約率」と「案件比率」を高め、売上を増やすことです。

- **売上高＝案件数×成約率×購入平均単価（案件数：現在進行中の商談件数）**
- **案件数＝接触数×案件化率（案件化率：メルマガ、展示会、広告などから、自社と接点を持った方から商談が発生する割合）**

多くの企業はセミナーや展示会、ウェブ広告、メールマガジンなどお客様との接触数を伸ばす施策を多く行ってきましたが、今後、重要なのは成約率・案件化率を増やす施策です。

今のお客様の購買行動は複雑化しています。例えば、購買段階のあらゆるタイミングで度々ウェブサイトを訪れ、情報収集としてセミナーや展示会にも積極的に出席します。メールマガジン開封は10点加点、セミナー来訪は30点加点など、お客様の行動を管理・定量評価をして、一定基準を超えたお客様のみをリスト化し、営業アプローチをすることが有効です。

ウェブ集客のポイント

目標は売上高の向上。キーポイントは「成約率」と「案件化率」

一方で、多くの企業は接触数の向上にだけ躍起になっている

売上高=案件数 × **成約率** × 購入平均単価

↓

●成約率を伸ばす施策が重要

↓

●案件リストの質を高める必要がある
●一定基準を超えたお客様のみリスト化

↓

●お客様行動の定量評価が必要!

↓

お客様行動を管理する仕組みづくり

案件数=接触数 × **案件化率**

↓

●案件化率を伸ばす施策が重要
●接触したお客様から無駄なく商談をつくる必要がある
●情報過多でお客様に消化不良を起こさせない

↓

●お客様の行動に合ったアプローチをきめ細かく行うことが必要!

↓

お客様行動を管理する仕組みづくり

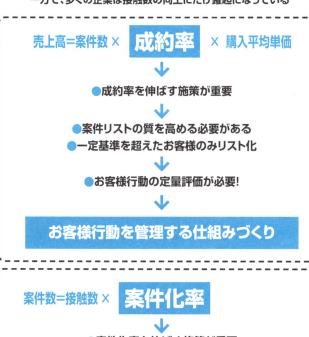

提案事例　ウェブ集客『ウェブ来訪者　お宝大作戦』のご提案

①提案の経緯

この提案は自社のウェブを活用したマーケティングが収益に繋がっていないことを懸念した社員が自主提案したものです。マーケティング結果から作成したリストの案件化率を高めるために、解決策を提案しました。

②提案内容とポイント

提案の本質は、営業効率を極限まで高めて確実に収益化させる仕組みを築くことです。

- **ポイント1は、「どうすれば質の良いリストをつくれるか」**

お客様の行動を定量評価し、一定基準を超えたお客様のみリスト化して対応。

- **ポイント2は、「接触したお客様から無駄なく商談をつくり出すこと」**

ホームページなどの自社のデジタルコンテンツのどこにアクセスしているのか、何回訪問しどれくらい滞在しているのか、イベントへの参加状況や資料のダウンロード有無などを調べ、必要なアプローチを行うよう努めます。

この2つのポイントを実現するには、お客様の行動を管理する仕組みづくりが必要です。当提案ではマーケティングの統合システム導入を薦めています。

提案企画事例1―ウエブ集客提案

提案先部署、役職、氏名　殿

提案日

提案者部署、氏名

『ウエブ来訪者 お宝大作戦』のご提案

<table>
<tr><td rowspan="1">1. 現状分析</td><td colspan="2">ウェブマーケティングが目標に達しない。
営業活動の見込客に対する成約率が悪く、良質なリストを営業担当者に渡せていない
①見込客に対する成約率が悪い：現在5%
②メルマガ送付に対する案件化率が悪い：現在0.5%

課題
①見込客に対する成約率を上げる　成約率目標12%
②メルマガ送付に対する案件化率を3%に上げる</td></tr>
<tr><td rowspan="3">2. 基本方針</td><td>目的</td><td>対象</td></tr>
<tr><td>営業効率を高めてマーケティング活動を確実に収益化</td><td>すべての得意先（すべての営業マン）</td></tr>
<tr><td colspan="2">タイトル『ウェブ来訪者 お宝大作戦』
来訪者リストの質を高めて確実に収益化させる仕組みを築く

実施方法：①見込客に対する成約率の向上
②メルマガ、セミナー、展示会、ホームページ来訪からの案件化率向上</td></tr>
<tr><td rowspan="3">3. 実施方法</td><td colspan="2">●マーケティングの統合システムを導入する
デジタルを中心とした各種マーケティング施策の管理・実行をするシステム基盤の導入
●お客様の行動別アプローチの実施
メルマガ内でクリックしたURLや訪問したウェブページなどにより、アプローチを変える
●お客様の行動の管理と定量評価の実施
メルマガやウェブページの閲覧、資料ダウンロードの有無、セミナー来訪など行動別に定量評価を行い、見込客を管理する
●営業用に回す案件リストの閾値を設定する
営業マンがアプローチを行う、定量評価の基準を決める</td></tr>
<tr><td colspan="2">費用
●システム導入　50万円程度
●システム運用　10～30万程度（月額）</td></tr>
<tr><td colspan="2">期待される効果
これまでのマーケティング施策に対し、収益を10倍以上にする</td></tr>
</table>

03 提案企画事例② 業務改善提案

業務改善に関する提案のポイント

業務の見直し提案は、スピードアップと業務の効率化の両面から考えることができます。

- **業務プロセスの見直しを行い、それに合わせて決裁権の明確化をはかる**
- **帳票類の見直しによる業務の効率化をはかる**
- **創業したばかりの企業では、決裁権を明確にし、それを反映できる帳票をつくる**

などの提案が考えられます。業務プロセスの見直しでは、会議の運営についてチェックを行います。会議には無駄なものが多く、改善の余地はたくさんあります。

また、業務拡大に合わせて増えた帳票を統合し、ＩＴ化により情報を共有化、ペーパーレス化を行うことも大切です。

一方で創業したばかりの企業では、決裁権や仕事のルールがあいまいなうえ、帳票類もきわめて少ない企業もあります。決裁権を明確にし、それを反映できる帳票が必要になります。

業務改善の見直しのポイント

1. スピードアップ

IT化による情報の共有化
ペーパーレス化

2. 業務の効率化

決裁権の明確化
会議の見直し
帳票類の見直し

3. 創業したばかりの企業では…

業務ルールを決め決裁権を明確にし、
それを反映できる帳票をつくる

30分で結論を出す『30C会議』導入の提案

①提案の経緯

古い体質の企業では、何かあればすぐ会議を行いがちです。人の顔を見て話さないと安心できない経営者や幹部が多いためです。会議や打合せが頻繁に行われ、社長など上司から一方的に会議開催の通知が入り、その場で提案を求められることもあります。

その上、終了時間が当日までわからず、次の予定が入れられないのが現状です。

そこで、会議のあり方を見直すようにという依頼提案が役員から担当者にありました。問題点を解決すれば、会議がもっと効率化されると提案したものです。

②提案内容とポイント

短時間で目的を達成するため、30分で結論を出す「30C会議」の提案をしました。

- 目的を明確にし、事前準備を行い、結論を出す
- 時間を制限し、事前に資料を配布し、積極的に提案する
- 議事録を作成する
- 社内掲示板や社内SNSを活用する
- スケジュール管理もグループウェアを活用する

提案企画事例2－会議の効率化

提案先部署、役職、氏名　殿

提案日

提案者部署、氏名

30分で結論を出す「30C会議」導入の提案

1.現状分析と課題	①会議に無駄な時間が費やされる。(1回平均1時間30分) ②結論がでない会議が多い。(10回中4回が結論なし) ③会議の終了時間が読めず、次の予定が入れられない。 ④発言者が一部の人に偏る。
2.目的・ねらい	会議の時間の徹底と有効活用
3.提案タイトル	30分で結論を出す「30C会議」の提案 30Cとは30分の結論(Cはコンクルージョンの頭文字)
4.提案のポイント	「会議は30分で終了し、必ず結論を出す」 人間の集中は15分が最大、30分が限界であることを応用。
5.対象	役員会議を除くすべての会議
6.方法	1.「30分」で終了する。 2.必ず「結論」を出す。 3.「事前」に会議の趣旨、資料を配布する。 4.参加者は自分の「意見」をもって参加する。 5.「議事録」を必ず作成する。
7.スケジュール	○○○○年○○月から実施 ●準備期間2カ月間 社内説明資料作成に1カ月、社内説明に1カ月
8.概算費用	帳票として「30C議事録」用紙作成 社内コピーでの作成のため、外注費発生せず。
9.効果予測	会議の効率化によるコスト削減効果、年間○○○万円 ●1年間に○○回の会議で○○○万円の人件費削減可能 ●1回参加者○名、平均時間コスト@○○○円と試算すると、1回の会議で○万円削減
10.添付資料	1.議事録、2.過去の会議実績資料

04 提案企画事例③ 人事評価制度の見直し提案

人事評価見直しに対する提案のポイント

人が人を評価する人事考課には、基準や運営などの段階でいろいろな問題が生じます。大切なのは、公平であること、評価基準が明確であること、そして社員の能力向上に役立ち、企業の業績アップに結びつくことです。人事評価では、次のような見直しが必要です。

- **明確な評価基準で公平な評価により、「好き嫌い」「気分による」評価を排除する**
- **社員が評価に納得でき、能力向上に向けてやる気を出せ、それが企業業績につながる**
- **企業の目標を受け、上司と相談して社員に個人目標を持たせる目標管理を行う**

これまで上司からの一方通行による評価が多く、しかも評価結果は公表されませんでした。実績だけの追求では能力向上や他部署との連動などに不具合も生じるため、総合評価を導入する企業も増えています。大切なのは、社員が評価に納得でき、能力向上に向けてやる気を出せる、それが企業業績につながることです。

人事評価制度を評価面と能力面から見直す

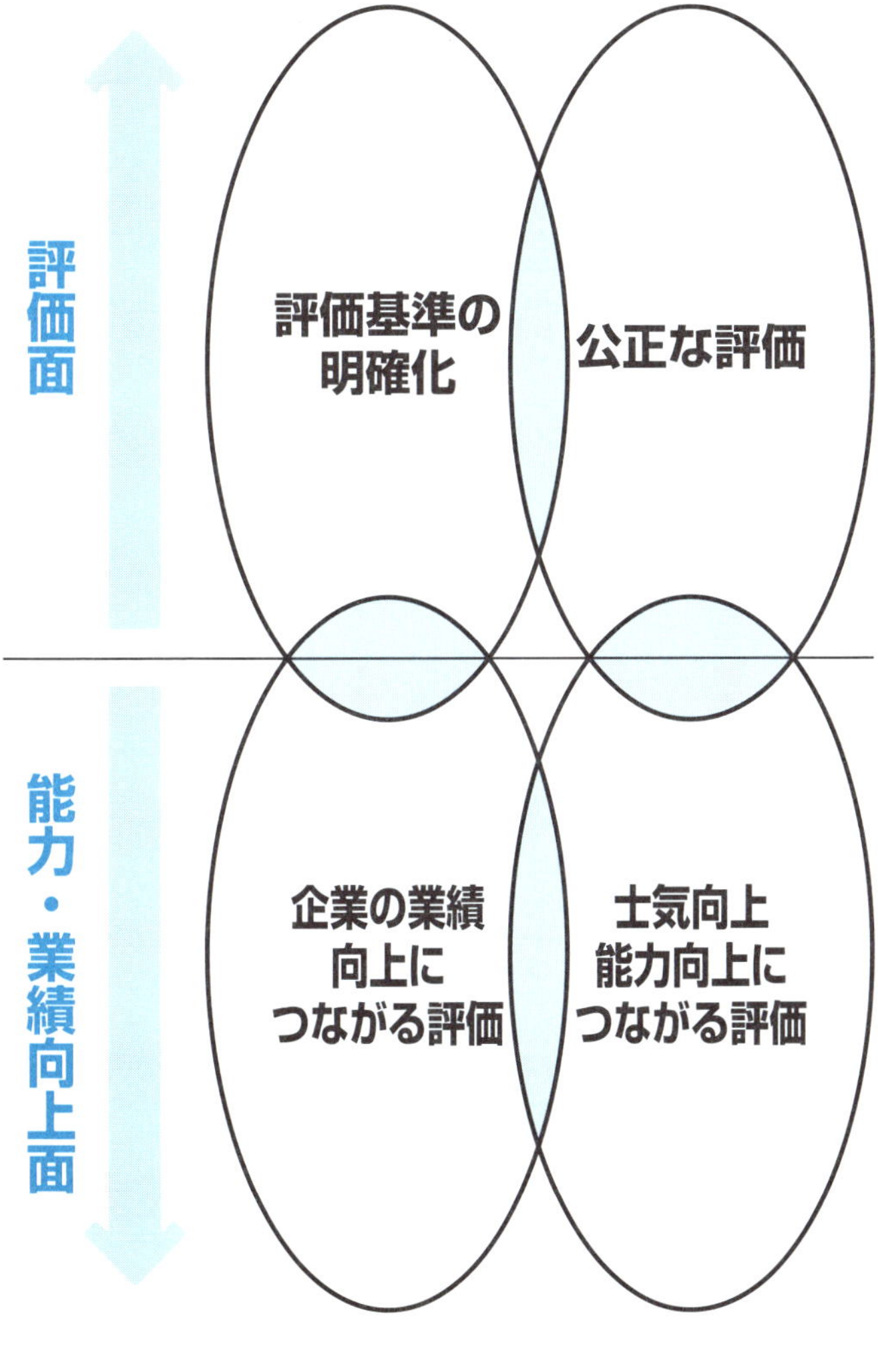

『360度評価と目標管理評価』導入の提案

①提案の経緯

この提案は、人事部長から人事の担当者に依頼提案された回答としての提案書です。評価制度があいまいで多くの問題点を抱えていたため、抜本的な改革の提案が求められました。

②提案内容とポイント

この提案のポイントは、「目標管理」と「360度評価」の2つです。

両方をうまく取り入れることで社員の士気向上をはかり、定着率を高めるものです。個人目標は、本人の自主性と経営目標とをすり合わせて作成します。

上司が方向を示し、その方向にそった形で本人が目標設定をすることが好ましいでしょう。

- **上司と部下とが対話を行い、目標は個人ごとに本人の能力・資質に合わせて設定する**
- **目標のレベルは、本人が努力すれば達成可能なものにする**
- **上司は、目標達成のための育成指導や援助を行い、達成できるしくみや環境をつくる**
- **評価基準を明確化し、部下と話し合う360度評価を行う**
- **評価者に訓練を行い、評価結果を翌年度の目標設定に連動できるシステムとする**
- **継続的に実施できる制度をめざす**

提案企画事例3—人事評価制度

提案先部署、役職、氏名　殿

提案日

提案者部署、氏名

「360度評価と目標管理評価」導入の提案

1. 提案タイトル	「360度評価と目標管理評価」導入の提案
2. 提案理由	①評価基準があいまい。(全社で45%) ②評価結果を伝えない。(全社で28%) ③評価が能力向上につながらない。(全社で26%) ④退職理由の過半数は評価に対する不満である。(退職者の67%)
3. 対象	一般社員から課長までとする。
4. 方法	1. 上司と一緒に個人目標を作成する。 ●会社の経営目標と連動すること、本人の能力向上目標を入れること。 2. 360度評価を導入し評価基準を明確化する ●360度評価を導入し、上司と部下とのすり合わせを行う。 3. 評価者訓練を実施する ●評価者の偏りをなくすために、評価者訓練を行う。 4. 翌年度の目標管理に活用する ●目標管理は翌年度に継続できるように、中期的な観点で実施する。
5. スケジュール	○○○○年○月から導入 ●制度準備期間　3カ月間 ●テスト期間　3カ月間 ●制度修正期間　2カ月間 ●評価者訓練期間　1カ月間
6. 概算費用	人事コンサルタントの採用、総額○○○万円
7. 効果予測	社員の人事評価に対する不満、現在の52%を20%に下げる。 社員の退職を現在の2割に低下させ、定着率を高める。
8. 添付資料	目標管理導入企業事例

05 提案企画事例④ クレーム対策の提案

クレーム対策提案のポイント

顧客からのクレームは、対応を一歩誤るとその何倍もの顧客を失うことになります。クレームは「信頼を裏切られたとき」「約束が守られなかったとき」「問題への対応が不十分なとき」「期待と違ったとき」などに発生します。クレーム対策では、次のことが重要です。

- **誠意をもってスピーディに対応し、最優先で解決にあたる**
- **決して電話のたらい回しをしない**
- **お客様の話をしっかり聞き、決して言い返さない**
- **統一した対応ができる体制づくりが大切になる**

一方で上手なクレーム対応は顧客に好印象を与え、お客様からの信頼が高まります。クレームをつけたお客様がロイヤルカスタマーになったという例もあります。それはクレームをつける人の中には、商品やサービスに強い愛着がある人やファンも多いからです。

クレーム対策の5つのポイント

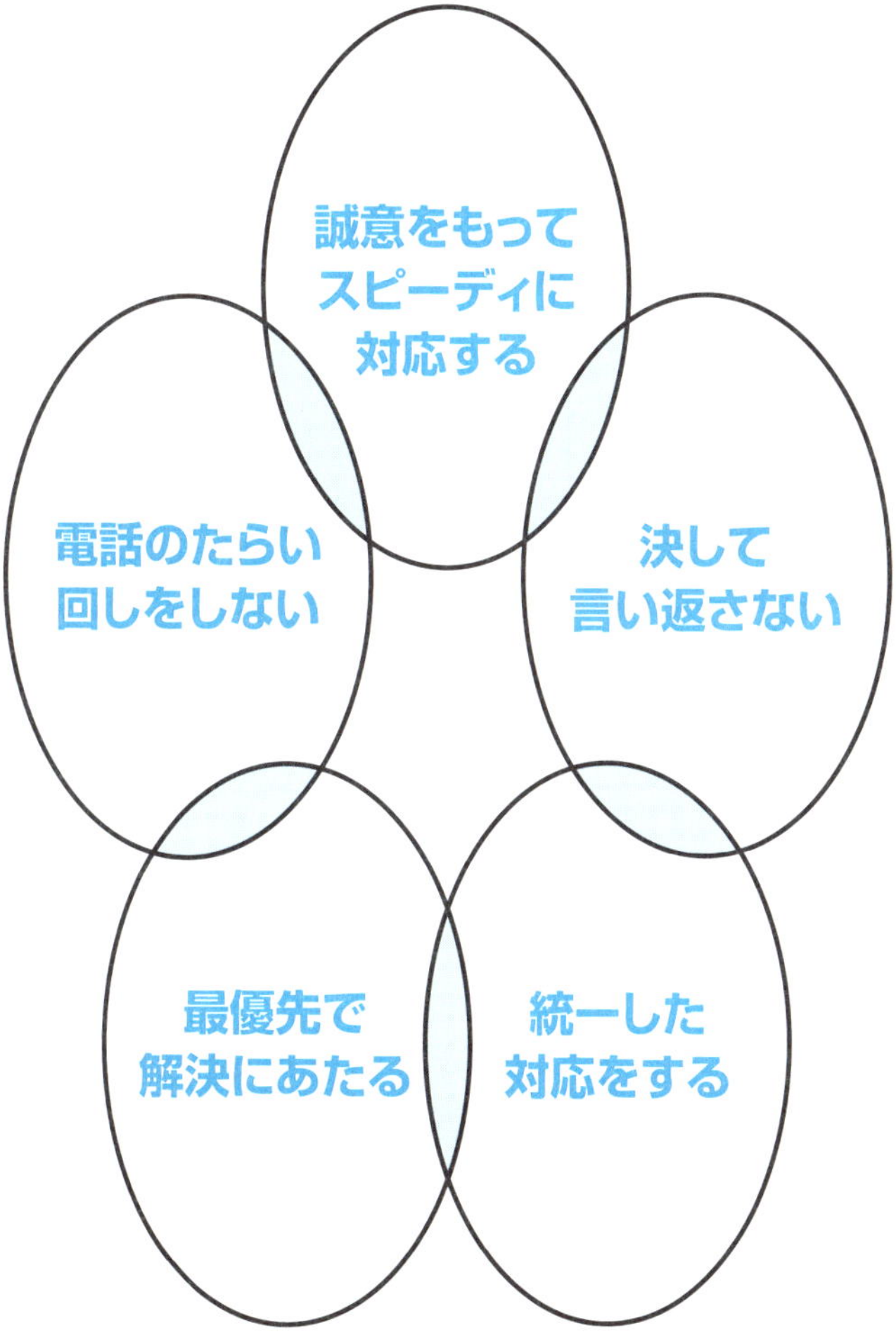

■クレームゼロ『4つ葉のクローバー作戦』の提案

①提案の経緯

クレーム対策は口でいうほど簡単ではなく、現場で起きている何気ない対応が隠れたクレームとなり、売上が徐々に低下し、気がつくとお客様が離れてしまった場合もあります。この提案は、クレームの現場に立ち会った社員からの実体験にもとづく自主提案です。

②提案内容とポイント

提案名は「クレームゼロ『4つ葉のクローバー作戦』」。現場担当者ひとりが頑張って対応しても、クレームは解決しません。クレーム対策は全社的に取り組むことが必要です。全社でクレームゼロをめざすことをねらい、対応の一本化をはかる「金太郎飴」作戦です。

- **クレーム内容を徹底的に分析し、正しい対応を決め、マニュアル化する**
- **クレーム内容はデータベース化し、データの共有化をはかる**
- **お客様からの電話に即時対応できる「クイックレスポンス作戦」**
- **クレーム対策を最優先する「最優先対策」**
- **再発防止をさけるよう社員教育を徹底する「再発防止作戦」**
- **専門部署を設置し、高度のクレームに対応できる強固な体制とする**

提案企画事例4―クレーム対策

提案先部署、役職、氏名　殿

提案日

クレームゼロ「4つ葉のクローバー作戦」の提案　提案者部署、氏名

1. 現状分析と課題	①クレーム数が急増している。（前年比40%アップ） ②クレーム対応がバラバラである。 ③クレーム対応が後手に回る。 ④クレーム対応の専門の部署がない。
2. 目的・ねらい	総合クレーム対策を実施しクレームゼロをめざす ●全社で最優先に対応することで業績の維持・拡大へとつなげる。
3. 提案タイトル	クレームゼロ「4つ葉のクローバー作戦」 ―クレームゼロでお客様に幸せをもたらす企業を目指す―
4. 提案のポイント	1.「金太郎飴」作戦 ●全社員がクレームに対し同じ回答ができるようにする。 2.「クイックレスポンス」作戦 ●クレームには早期に回答ができるようにする。 3.「最優先」作戦 ●最優先してクレームにあたる。 4.「再発防止」作戦 ●同じクレームが2度と出ないようにする。
5. 対象	全部署
6. 方法	1.「金太郎飴」作戦：クレーム対応マニュアルの作成 ●全社員、同じ回答ができるようにする。 2.「クイックレスポンス」作戦：クレームデータベースの共有化 ●蓄積データ分析 ●即時対応システム 3.「最優先」作戦：最優先の徹底と専門部署の設置 4.「再発防止」作戦：社員教育の徹底 ●マニュアルが完全実施できるように教育の徹底を図る。
7. スケジュール	○○○○年○○月から実施 ●準備段階に6カ月間、マニュアルづくり、システム、教育など
8. 添付資料	●過去のクレーム内容とその対応データ ●評価システム案

06 提案企画事例⑤ 能力向上提案

社員能力向上に関する提案のポイント

企業の各部署で社員能力を伸ばす必要性が高まっており、販売力の強化は緊急要件のひとつです。売り場では、来店者が多いのに商品が売れない一方で、「気まぐれ消費」「衝動買い消費」が増えています。そこで、販売・営業教育では次のような方法が大切になります。

- **接客能力を高め、売り場での「背中を押す販売」で、店頭購買率の向上をめざす**
- **お客様により好意をもってもらうための「笑顔の接客」**
- **売り場単体での販売から全フロアを受け持ち、お客様の幅広いニーズに対応する接客**
- **接客能力に資格を設け、能力の向上度合いをはかる**

経理や総務なども法規、システムの勉強が求められるなど、あらゆる部署で教育の必要性が高まっています。社員教育は、講師に一任するのではなく、担当者も一緒に行動することが大切です。自社に合ったカリキュラムを作成し、結果が出せる実践的な内容が望まれます。

部門別に社員能力向上をはかる

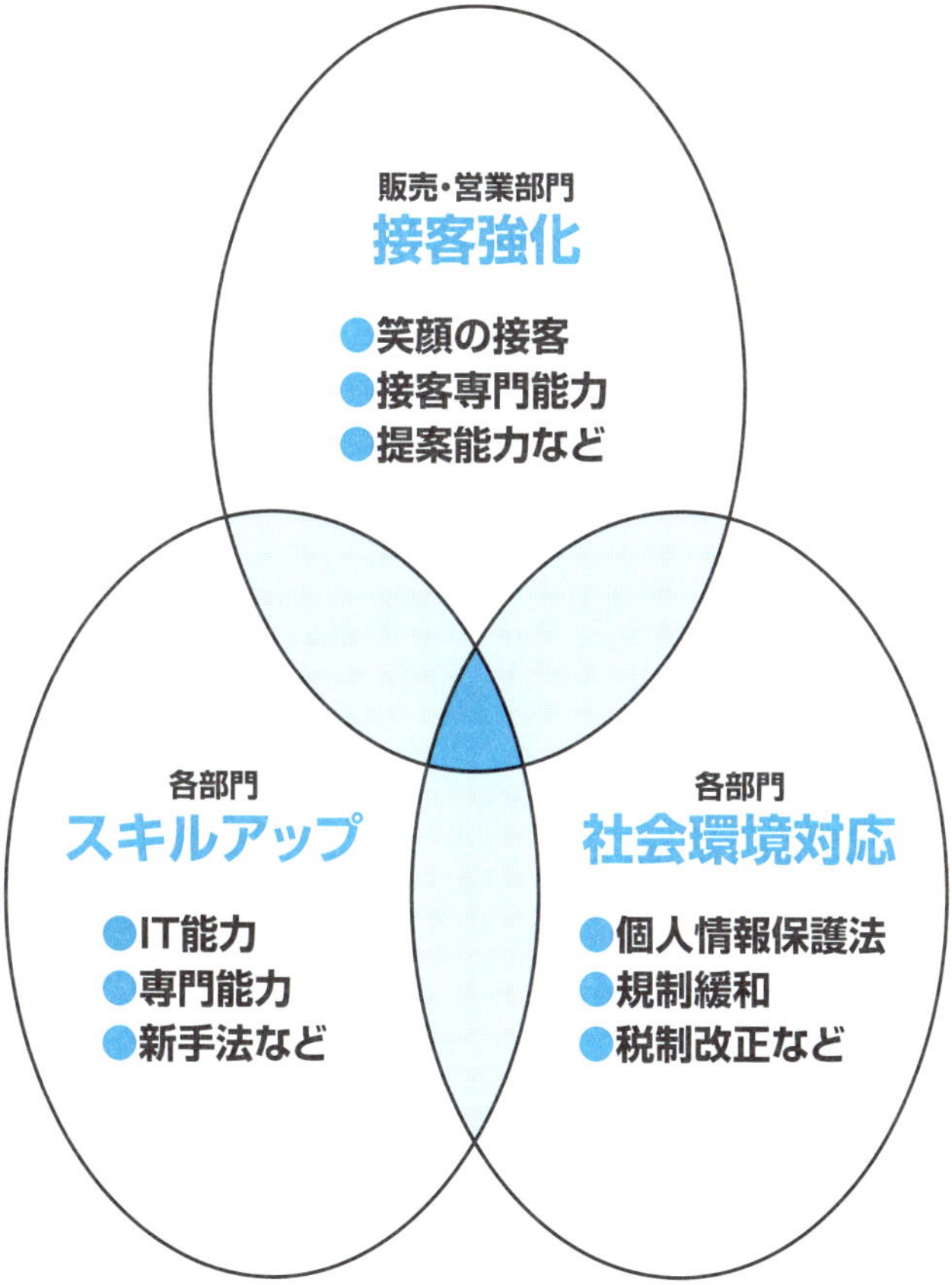

『マーケティング・ディレクター資格取得講座』提案書

①提案の経緯

近年では、従来の営業スタイルではもはや商品が販売できず、提案型営業が必要とされています。業界別に営業担当を配置している企業が業界の動きに対応できるかどうか。この提案は、そのことに危機感を抱いた営業担当者からの「自主提案」です。

②提案内容とポイント

営業マンにマーケティング能力を身につけさせるため、「マーケティング・ディレクター」の資格取得を教育目標とし、受講生の士気向上と参加意欲を高めさせる提案です。

なお次のステップでは、上位資格の「マーケティング・プロデューサー」を組み入れます。

- **提案型営業能力向上により、既存のお客様の掘り下げを行う**
- **新規取引先企業開拓をねらい、企業業績アップをめざす**
- **生活者情報や業種別の市場の研究から業種別の販促手法を学ぶ**
- **提案営業の考え方、提案書づくりを学び、実践で活かす**
- **受講態度や講座のなかで提出された提案書をもとに、提案力を判断する**

「マーケティング・ディレクター資格取得講座」提案ポイント

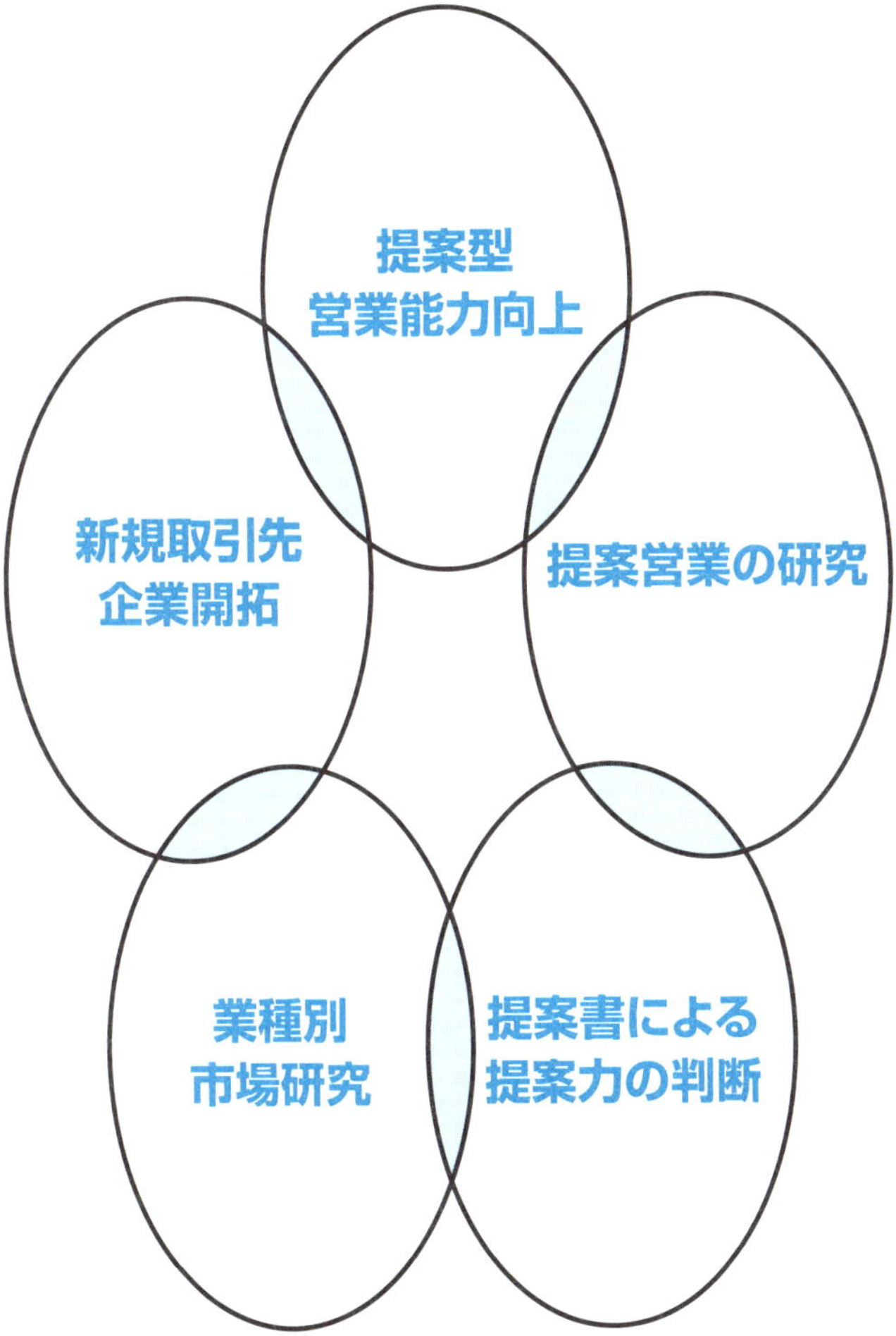

PART 5

すぐ使える！ 社内での提案書・企画書事例

3. 実施内容

マーケティング・ディレクター講座カリキュラム

第1回：担当業界と生活者を学ぶ

●生活者情報を学ぶ

第2回：業種別マーケティング手法を学ぶ

●業種別マーケティング手法を学ぶ講座

第3回：マーケティング・ノウハウを学ぶ

●マーケティング・ノウハウ講座

第4回：提案営業企画書づくりを学ぶ

●提案営業と提案営業企画書づくりを学ぶ

第5回：提案営業戦略を作成する

●提案営業戦略の立案と添削指導

アフターチェック：半年間実践し、営業戦略をチェックし、次のステップの検討をする

4. 実施方法

1年間カリキュラムを組み、定期的継続的に実施。

各部、月1回「マーケティングカレッジ」を開催、全5回を半年で実施。

毎月1回3時間開催（午後6時〜9時）

5. スケジュール

実施時期：準備：講師選定、カリキュラム策定に2ヵ月。
○○○○年○月−○月

実施時期：講演−6ヵ月間。 ○○○○年○月−○月

実践−6ヵ月間。 ○○○○年○月−○月

5. 講師&費用：

講師：テーマに合わせて講師を選定。

総費用：○○○**万円。**

6. 効果目標：

売上げ効果期待値： ①既存お得意先の提案営業による獲得：10%アップ
②新規顧客開拓売上：5%確保

営業力効果期待： 提案営業力を身につけることで営業に自信をもたせる。

2

提案企画事例5ー提案営業能力の向上

人事部長　○○○○　殿

提案日

提案営業能力向上
「マーケティング・ディレクター資格取得講座」提案書

営業部　○○○○○

1. 営業をとりまく現状分析と課題

現状ー①企業間競争が激化している
②お得意先の売上が減少している
③当社の御用聞き営業が問題点である

課題ー提案営業力の強化、マーケティング能力の強化

- 営業にマーケティング力、提案営業力をつけ、他企業との差異化を図ることで競合に勝つこと、さらに新規お得意先の開拓を行うことが課題である。

2. 提案営業力強化セミナー実施

①提案名：提案営業能力向上「マーケティング・ディレクター資格取得講座」の実施提案

②ねらい：提案営業能力、マーケティング能力向上をはかり、「既存お得意先の売上確保」と「新規お得意先開拓」をねらう。

- **資格名「マーケティング・ディレクター」**

③対象：営業部に所属する全員

④主な内容：外部講師による講演、実習方式による勉強会の開催と資格認定。講演・実習方法は5回にわけて実施する。

⑤実施日：営業業務に支障がないように平日夜間または土曜日に開催する。

⑥資格基準：5回の講座への出席状況、提案営業戦略内容から総合判断し、「マーケティング・ディレクター」の資格を与える。実績を見て、給与への反映も検討する。
「マーケティング・ディレクター」資格取得者で半年後に提案営業戦略の実践結果が優秀な社員にはさらなる教育を実施し、次のステップ「マーケティング・プロデューサー」の資格を検討する。

1

07 提案企画事例⑥ 新規事業提案

新規事業提案のポイント

企業は、既存商品による新規顧客の獲得が頭打ちのとき、新規事業への参入による新しい売上の創出を視野に入れます。その際、次の点に注意しなければなりません。

- **現在、実施しているビジネスの延長線上にあれば参入しやすい**
- **「販路がある」「顧客がある」「技術がある」など、新規参入する武器が企業に蓄積されていれば、それをもとに新規参入が可能になる**
- **「何で商売するか」というビジネスモデルを明確にして参入する**

そのビジネスモデルが成立するかがカギになります。とくに、新規参入で最重要課題になるのは、いかに顧客を獲得できるかです。

その検証も含めて、テストマーケティングを実施することが必要になります。足元をしっかり固め、着実に営業成績を伸ばす戦略が重要です。

新規事業対策はこの2点に注意する

企業の保有資産を活かす

販路
顧客
技術など

新規市場への参入は、ビジネスモデルを明確にする

顧客確保が最重要課題

テストマーケティングによる検証の勧め

シニア向け『ライフサポーター』新規ビジネスの提案

①提案の経緯

この提案は、社長から、既存事業の限界にともなう新しい事業提案を求められた経営企画室が、第1段階として可能性を提出した依頼提案です。団塊世代が定年を迎えることもあり、「シニア市場」に目をつけました。

シニア向けビジネスは、シニアの特性を十分理解していないと失敗します。身体的な特徴や精神的な特徴をカバーするビジネスが支持されるでしょう。

②提案内容とポイント

シニアの生活をサポートする新しいジャンルの新規事業提案です。子供が結婚などで独立すると夫婦2人になり、一方が他界すると単身暮らしになります。シニアの少世帯暮らしには不便が付きまとい、不便を解消するビジネスの必要性が高まっています。

具体的に実施するには、次の点を重点的に検討します。

- **サポート体制は、個々のサービスを実施している企業とのコラボレーションができれば、ビジネスとしての可能性が高まる**
- **お客様を集める営業活動は、定年前後の対策を実施している企業とのタイアップをねらう**

社内提案事例6

提案先部署名、役職、氏名　殿　　　　提案日

シニア富裕層向け「ハッピーライフサポーター」新規ビジネスの提案

提案者部署名、提案者名

1.現状分析と課題設定

65歳以上の人口が27%に達し、超高齢化時代に突入。しかし、高齢者が急増するにもかかわらず、高齢者の生活をサポートする仕組みが少ない。

●現状分析

①高齢化率が2015年に27%に達する。
- 団塊世代がシニアに達したことで急速に高齢化率が上昇、5人に2人がシニアとなる。

②老夫婦のみ、老人の単身世帯が増える。
- 夫婦のみの世帯が 30%、単身が23%に達する。
- 今後、増え続ける。

③裕福な高齢者が多い。
- 60歳以上の世帯貯蓄高　平均2384万円、中央値 1578 万円(2013 年)
- 個人格差は大きい。3000 万円以上が26%、6割が 2000 万円以下。

④高齢者世帯をサポートするサービスが少ない。
- シニア向けの商品が開発されつつあるが、サポートするサービスは小規模な便利屋しかない。

⑤シニアの心理的な抵抗がある。
- シニアにとって他人が生活の場に入ることの抵抗感がある。

表1：シニアの総人口に占める比率推移(65 歳以上)

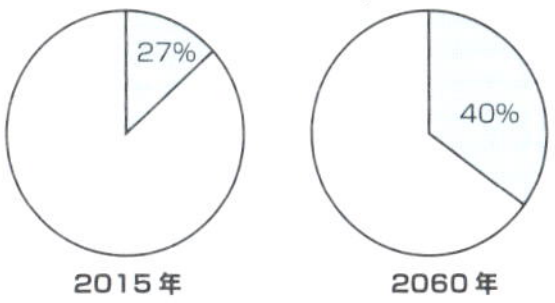

表2：保有資産別シニアの割合(2013年、60歳以上)

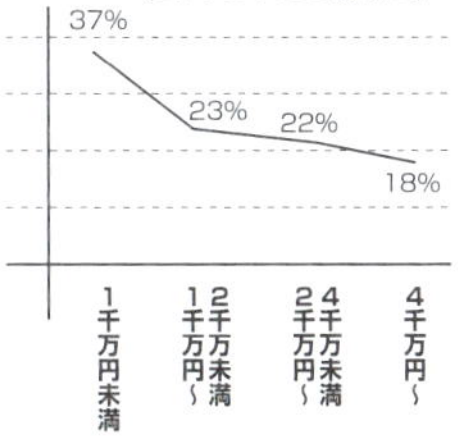

今、シニア世帯をサポートする安心できるサービスが求められている。

1

3. 事業展開

●会員向けサービス

入会時のお客様アンケートを実施し、情報を収集する

①資産サポート
管理及び資産管理代行、年金、
成年後見制度、遺言 / 相続相談

②健康サポート
検診、人間ドック紹介、医療相談、介護相談

③生活サポート
ペットの世話、住いの便利屋、
バリアフリー改築相談、買物相談、
パソコン相談、携帯電話、
NPO 紹介、各種ボランティア斡旋

④余暇サポート
国内旅行、海外旅行の割引、カルチャースクールの紹介、映画、観劇のチケット購入代行

シニアライフを支える4つの面をサポート

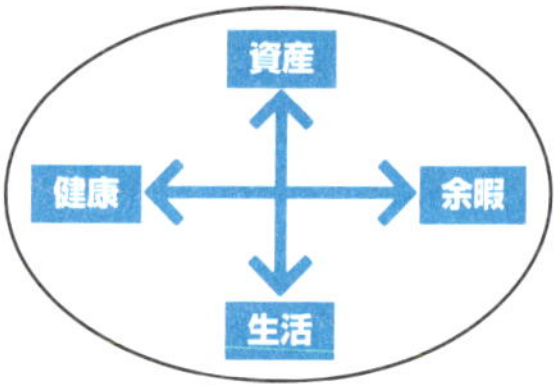

●会費

月額 5000 円から4つのコース

①シングルサポート：1つのサービス提供	月額	5000 円
②ダブルサポート：2つのサービス提供	月額	9000 円(▲1000 円)
③トリプルサポート：3つのサービス提供	月額	1万 3000 円(▲2000 円)
④トータルサポート：4つのサービス提供	月額	1万 6000 円(▲4000 円)

オプションプラン：別途有料サービスをオプションとする

●募集方法

- 企業向け活動：大企業、中小企業への訪問活動による入会促進をはかる
- 広告活動：新聞、雑誌、ネットを使って入会促進をはかる
- 紹介制度：会員からの紹介による入会促進をはかる
- 安心して参加できるための販促施策として：トライアル入会などを実施する

●会員獲得目標

- 初年度3万人、2年度5万人、3年度 10 万人
- 初年度、首都圏でテストマーケティング実施。3万人獲得をめざす
- その後、地域を拡大し、5年後全国で20万人獲得をめざす

3

課題解決のための提案

2. 課題解決のための提案
タイトル：提案事業名「ハッピーライフサポーター」

1：ねらいと考え方

老後の生活の不安を解消するサービスを提供することで、元気で豊かな社会をめざす新規ビジネスを実施する。

2：主な対象

シニア富裕層をねらう
- 単身、夫婦だけのシニア
- 大企業で役員、管理職者で退職、または中小企業の社長、役員クラスで退職
- 退職後の資産、3000万円以上保有するシニア

実施地域：
- 初年度は東京圏でテスト、次年度以降、大阪、名古屋などの大都市圏検討

参加のきっかけ：
- 退職時期に呼びかける。定年したら「ライフサポーター」
- 企業の人事部からの紹介、会員からの紹介

3：主な提供サービス内容

①資産サポート
- 管理及び資産管理代行など

②健康サポート
- 検診、医療相談、介護相談など

③生活サポート
- ペットの世話、住宅便利屋、パソコンの相談など

④余暇サポート
- 国内旅行、海外旅行割引サービス、映画チケット購入代行サービスなど

★サービスの提供は企業協賛も含め検討する

4：参加方法

1コース単位で申し込む、複数参加割引あり

①シングルサポート：1つのサポート
②ダブルサポート：2つのサポート
③トリプルサポート：3つのサポート
④トータルサポート：4つのサポート
他にオプションサポートあり

2

08

提案企画事例⑦ 新商品発売プロモーション提案

新商品発売プロモーション提案に対するポイント

企業が実施している広告、イベント、販促などを改善する提案機会はたくさんあります。生活者のテレビや新聞などのマスメディア離れが進む一方で、インターネットやスマートフォン、ソーシャルメディア等が台頭し、口コミやPRの重要性も高まっています。

一方で、新製品もかつてほどの強力な印象が出なくなっています。

そこで、新しい顧客づくりとして次のような方法が重要になります。

- 媒体戦略を見直し、販促・PR活動を強化し、需要を創造していく
- 商品という「モノ」からだけの発想を脱却する
- 商品が生活者にどんなすばらしい生活をもたらすかという「コト」をコンセプトにする
- 口コミを重視し、販促活動で売り場対応を強化する
- 販路については、従来の販路の限界をカバーする新規販路を開拓する

新商品発売プロモーションの4つの方法

媒体戦略見直し提案

マス広告の効果低下

新メディアの台頭

インターネット、携帯、

フリーペーパーなど

需要創造提案

「モノ」から「コト」提案

新生活提案

生活が豊かになる

生活が改善されるなど

販促・PR 活動強化提案

売り場対応

接客強化、売り方提案

体験売り場

口コミ強化

販路の見直し提案

既存販路での限界

新規販路の開拓

ダイレクト・マーケ

ティング参入

『対話型防犯ロボット新発売プロモーション』企画書

①提案の経緯

対話型防犯ロボットを新発売するにあたり、プロモーションの提案をマーケティング部門が依頼されました。その基本的な考え方をまとめたのが次の依頼書です。提案書ですが、企画書としても通用します。

②提案内容とポイント

プロモーションの目標は、販売目標の達成、販路の確保、商品認知度の獲得に置きました。主力ターゲットの設定では、高額商品のため、商品機能へのニーズと支払い能力の両面が重要になります。「あなたを守るもう一人の仲間」というタイトルで、対話型防犯ロボットに人格を与え、単身女性へのアプローチをはかります。施策の主なポイントは次の通りです。

- **商品がある生活提案を中心に、モニター提案、販路開拓、見込み客の開拓をねらい、イベント、ショールームで実演販売を行う**
- **想定ターゲットである女性が集まりやすい、ショッピングモールなどで行う**
- **PRを重視し、少ない費用で高い効果をねらい、雑誌やフリーペーパーなどへも出稿する**

「対話型防犯ロボットプロモーション」提案ポイント

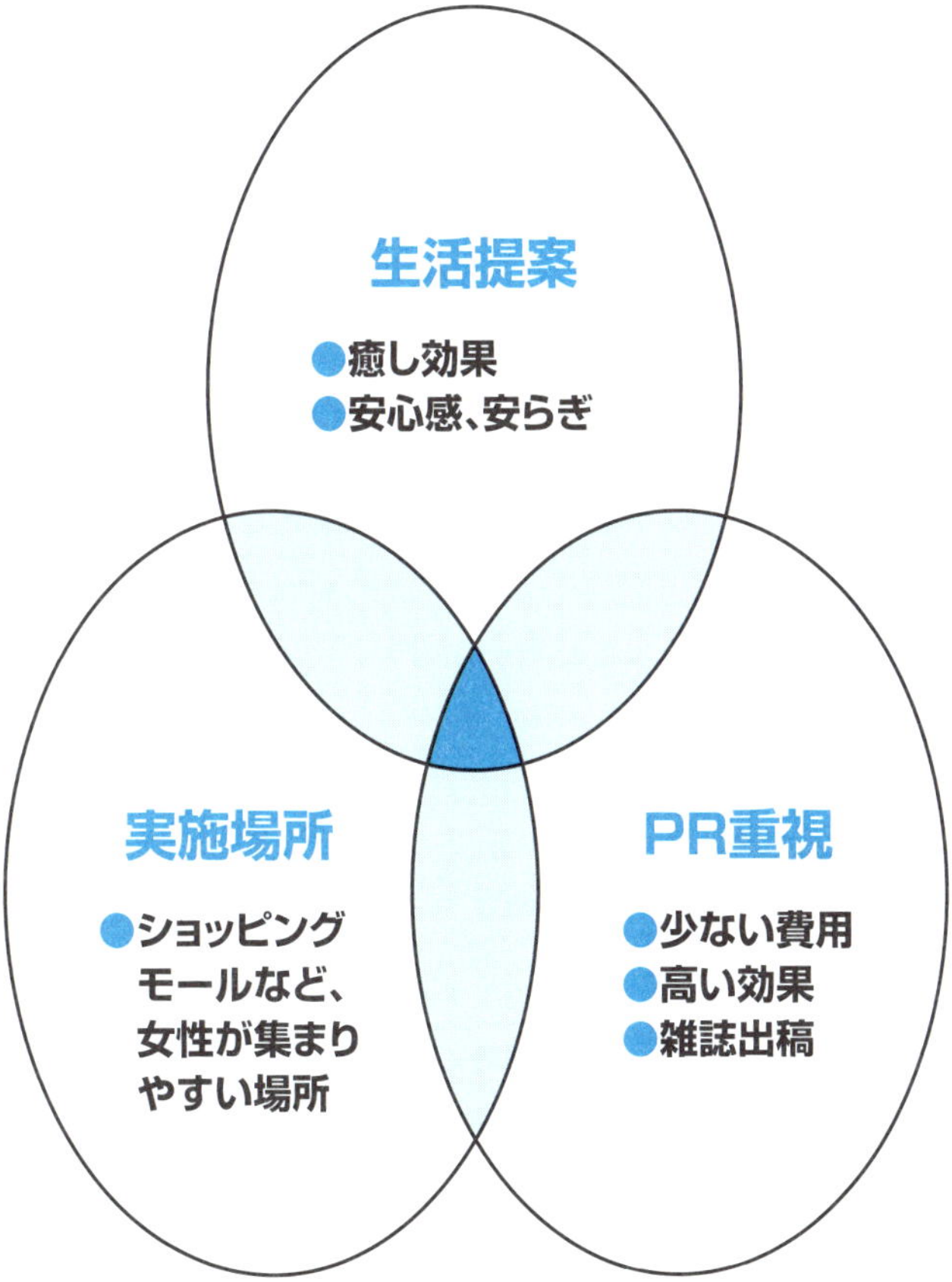

提案日

売プロモーションの提案

設定

成。

助成想起認知度00%。

～40代女性

高い。

可能。

要。

一人の仲間」

う一人の仲間」提案

不安などを解き放ち、孤独を解
ぎをもたらす。家族の一員として

一人の仲間」提案

外出が出来ることの有用性と
の安らぎの提案をする。販売
よる提案を行う。

一人の仲間」モニター

活を実感していただくために
面や機能面の特徴を体感。

ームでの実演販売

ショールームで実演販売を行
トに積極的に参加する。ショー
PR の場として活用する。

[3] 具体的展開

提案部署、氏名

1. 実施方法・内容

①:「あなたを守るもう一人の仲間」提案

単身で働く30代、40代の女性に、防犯の心配や孤独感に対する癒し効果をねらう。「あなたを守るもう一人の仲間」提案を行う。映像ビデオの作成、PR 物を制作し、販路にあたる家電店での店頭、対象が多く集まる場所でデモ販売を行う。

②「あなたを守るもう一人の仲間」モニター

商品の良さを実感していただくために、モニター募集を行う。
女性雑誌、女性向けのホームページで募集を行う。
モニター期間：1ヵ月、募集人数：1000 名
アンケート提出。モニター後、特別価格で提供。

③イベント・ショールームでの実演販売

主対象が多く参加するイベントやショールームでの展示、デモ販売を行う。販売ルートとしての活用または PR の場として活用する。

2. 広告戦略（利用媒体、制作内容など）

①PR 活動に重点を置く
新商品として PR 価値が高い。少ない費用で実施できる。
②映像を活かした媒体、対象にマッチした媒体活用
BSテレビ、ウェブでの映像の積極的活用。女性雑誌、ウェブでは SNS を積極的に活用する。

3. 流通対策

デモ販売の積極的推進。
既存販路以外の販路の積極的開拓。

4. 実施時期

予告：新商品発売前	**2ヵ月間**	**（0000年0月～0月）**
本告：発売時	**1ヵ月間**	**（0000年0月～0月）**
フォロー展開：	**6ヵ月間**	**（0000年0月～0月）**

5. プロモーション予算と効果

総予算：0億円
効果期待：1：販売目標の達成
　　　　　2：新販路の開拓
　　　　　3：主力対象の認知率アップ：00%

提案企画事例7―新発売プロモーション

○○部　部長　○○殿

対話型防犯ロボット新発

[1]現状分析

1. ますます孤立化、留守宅増える

●**不況に伴い犯罪が急増している**
生活苦に伴う、犯罪の増加。

●**単身世帯増加に伴う留守が増加している**
未婚・非婚増加に伴う若者の単身世帯の増加。
高齢化社会に伴う、高齢者単身世帯の増加。

●**共働き夫婦増加に伴い、留守宅が増加している**
ますます増加する共働き夫婦。

2. 防犯意識の高まりと孤立化社会への変化

●**いろいろなジャンルから防犯商品への参入がある**
●**防犯商品が成長している**
●**単身者の増加で孤立化する人が増える**

3. ロボットの現状

●**導入期から成長期に**
ロボット市場はこれから急成長。対話型、防犯型も
参入企業が増加傾向にある。
先行商品（多くは遠隔操作携帯で操作可能）
A社：癒し系動物型ロボット、00万円。
B社：巡視ロボット。00万円。
C社：人型小型ロボット。00万円。

4. 開発商品の特徴

●**商品名「OOOOO」**
●**小型軽量**　サイズ：00cm×00cm×00cm。重量：0kg
●**動作**：底部車輪2個で床の上を動く。対話できる。
対話することで情報収集し、成長する。
●**遠隔操作**：携帯で家の中を巡回させたり、家電も操作できる。
●**特徴**：人型でかわいい。会話するたびに知能が上がる。
●**価格**：00万円　●**販路**：家電店など
●**発売時期**：0000年00月
★**競合との差異化**：優位性：デザイン面、機能性
劣性：価格、重量

問題点の要約と課題

導入期で成長性の高い商品であるが、**認知不足**である。**価格が高く、導入には地道な戦略**が必要。競合との差異化をふまえ、ふさわしい対象を設定し、効率的なプロモーションの展開で市場導入を図る。

[2]基本方針

1. プロモーション目標の

①初年度販売目標：○○万円達
②販路の確保と新規開拓。
③商品の認知度のアップ：目標

2. 主力ターゲットの設定

主対象：未婚・非婚の働く30
留守が多く、防犯への関心が
帰宅が遅く、孤独になりがち。
収入が多く、多少の高額出費
サブ対象：高齢単身シニア女性
孤独になりがち、防犯対策も必

3. コンセプト・テーマ

コンセプト：「あなたを守るもう
テーマ：「あなたを守るも

留守宅犯罪やストーカーからの
消し会話のある生活で心の安ら
孤独感を癒す場を提供する。

4. 実施内容の主なポイン

提案1：「あなたを守るもう
ロボットとの生活が、安心して
ロボットと会話できることで心
店やイベント会場でのデモに

提案2：「あなたを守るもう
ロボットのある優雅で豊かな生
モニターを募集する。デザイン

提案3：イベント・ショール
主力対象が集まるイベントや
う。ファッション性のあるイベン
ルームでの展示はデモ販売や

PART 6

すぐ使える！取引先企業への提案書・企画書事例

01 取引先企業提案に何が必要か

各部門で必要とされる取引先企業への提案とは

企業では、提案する能力のない取引先への発注を減らす傾向がますます強くなっています。そのため顧客に継続して提案し続けることが、営業活動できわめて重要です。部門別に提案例をまとめてみました。あらゆるチャンスを見つけて提案しましょう。

- 営業関連部門……提案営業による需要創造、新しい販路の開拓、既存顧客囲い込み、ロイヤルユーザー拡大、顧客満足度アップ、天候異変・規制緩和に伴う集客など
- マーケティング部門……広告・販促の見直しと新手法導入、エリアマーケティング対策、各種コラボレーション、新マーケティング手法導入、インターネット活性化など
- 管理部門……規制強化対策、個人情報保護法対策、ペイオフ対策、人材・業務のアウトソーシング、ナレッジマネジメント導入など
- 生産・仕入れ部門……一括発注、業務のアウトソーシング、環境問題への対応など

部門別の取引先企業提案例

営業関連部門

- 提案営業による需要創造提案
- 新しい販路の開拓提案
- 既存顧客囲い込み提案
- ロイヤルユーザー拡大提案
- 顧客満足度アップ提案
- 天候異変などに伴う集客提案

マーケティング部門

- 広告、販促見直し提案
- 新手法導入提案
- エリアマーケティング対策提案
- 各種コラボレーション提案
- 新マーケティング手法導入提案

管理部門

- 規制強化対策提案
- 個人情報保護法対策提案
- ペイオフ対策提案
- 人材・業務アウトソーシング提案
- ナレッジマネジメント導入提案

生産・仕入れ部門

- 一括発注提案
- 共同購入提案
- 業務アウトソーシング提案
- 環境問題に対応する提案

取引先企業への提案のポイント

取引先企業と信頼関係があり提案能力がある企業なら、いろいろな依頼提案を受けます。しかし、取引先企業にとって外部への相談は無料というわけにもいかず、自ずと限られます。

もし取引先企業から依頼提案があれば、積極的に受けて立つようにしましょう。取引先企業から、現状、問題点、課題などの資料を提供してもらうことができますので、それを十分活用します。取引先企業を巻き込んだ提案を行って、受注に結びつけることができます。

一方、取引先企業への自主提案は、次のような点に注意しなければなりません。

- 取引先企業の問題点や課題を自社で発見しなければならず、現状分析能力やマーケティング能力が要求される
- 日ごろから取引先企業との関係を密にして情報収集に努めると、問題点や課題を的確に把握することができ、提案がしやすくなる
- 課題を解決する提案のよしあしが受注のカギになり、自社の提案型営業ノウハウを積極的に活用する場になる
- 継続的な自主提案を行い、取引先企業から相談される企業をめざすようにする

取引先企業へ継続的な提案をはかる

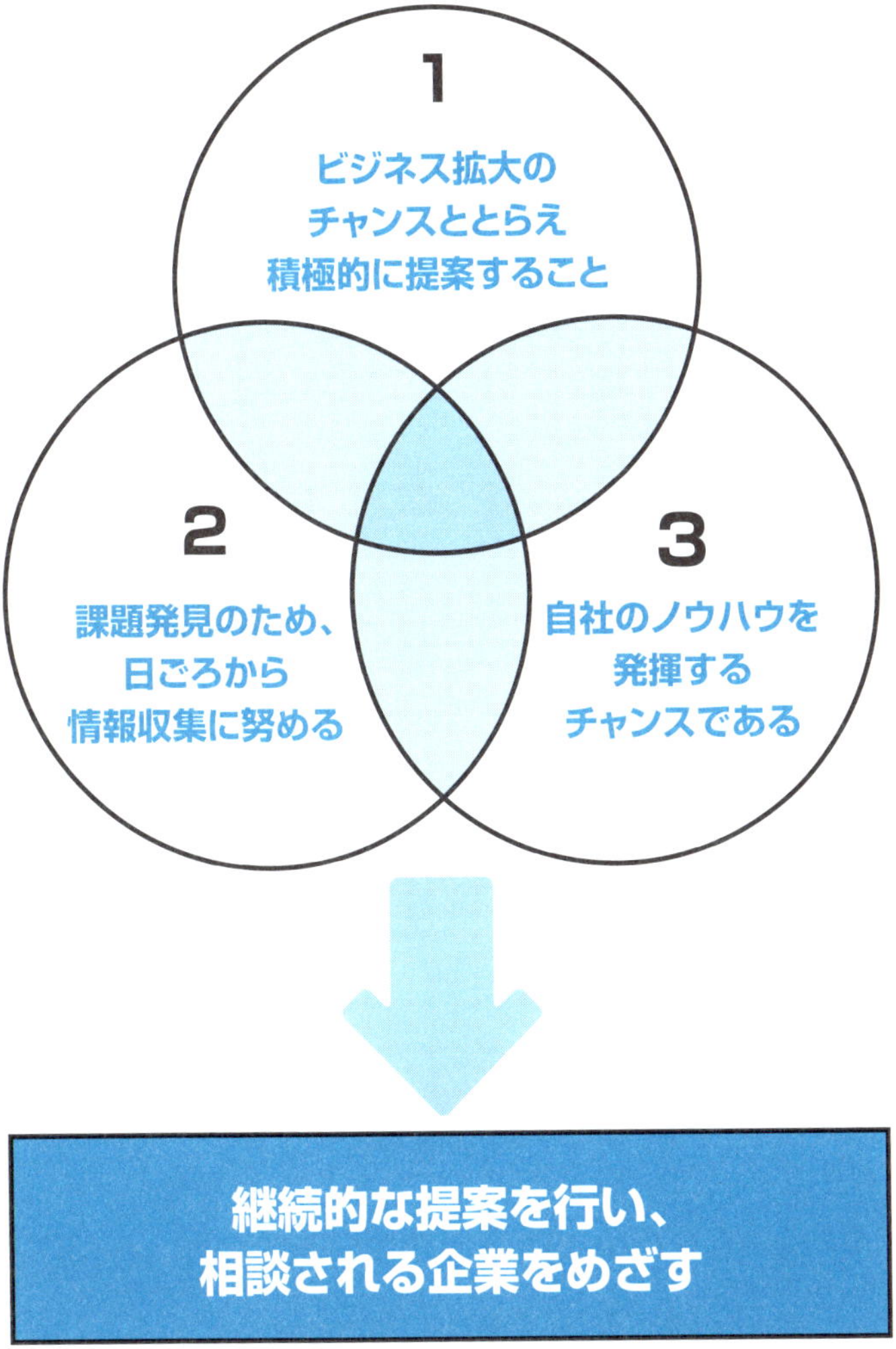

02 提案企画事例①
顧客の囲い込み提案

顧客の継続購入を促進させるポイント

企業が、新規顧客の開拓にかかる広告費は、固定顧客を増やすことにくらべて5～10倍もかかるといわれます。固定顧客を増やすほうが安い費用で実現できるわけです。

このことから成熟期のビジネスは、固定客をいかに確保するかが重要になります。固定客を増やすことを顧客の囲い込みといい、それには次の点に配慮しましょう。

- **お客様は、決してひとつの企業やお店に「囲い込みなどされたくない」と思っている**
- **顧客を囲い込むという発想でなく、お客様が納得して商品を購入するしくみをつくる**
- **お客様が喜ぶ会社やお店のファンづくりをめざす**
- **顧客育成が重要なカギになり、お客様の状況にふさわしい広告・販促施策を実施する**

例として、通販業界の「継続購入・促進プログラム」を表にまとめました。これらの施策を通して、一人でも多くのロイヤルカスタマーを育成しましょう。

継続購入・促進プログラム例（通販業界事例）

①疑似客 サスペクト	②見込み客 プロスペクト	③初回購入客 ファーストタイマー（カスタマー）	④再購入客 リピーター	⑤継続購入客 ロイヤルカスタマー
広告活動 リード広告 資料請求など	DM サンプル送付 テレマーケティング CTI	DM テレマーケティング （購入最適時に実施） CTI	ポイントサービス 買い物相談 会員制度 CTI クロスセル アップセル	大量割引 関連販売 高機能販売 紹介制度 CTI クロスセル アップセル

購入　→　顧客育成（顧客満足度の向上、ファンづくり）

新規顧客獲得広告費用：1～3万円

●CTI：電話とコンピュータの連動

●テレマーケティング：電話を活用した顧客情報収集・発信システム

顧客育成広告費用：1000円－2000円

●クロスセル：関連商品の販売

●アップセル：ワンランク上の商品を販売

購買歴や顧客のニーズに合ったプロモーションが肝心

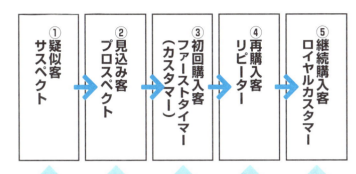

『顧客満足経営によるお店のファンづくり』提案

①提案の経緯

流動客が多く顧客管理ができていない取引先企業から、顧客の囲い込みの方法についての依頼提案がありました。

②提案内容とポイント

「顧客満足経営によるお店のファンづくり提案」により、次の5つのステップでポイントカード導入をはかりファンづくりを行う提案です。

- お客様の顔がわかる提案
- 購買履歴がわかる提案
- 大切にされていることがわかる提案
- 次の購入商品を勧める提案
- お店の信頼が得られる提案

まず、お客様名簿をつくり、お客様の顔を覚えることです。よく利用される大切なお客様に対してポイントでプレゼントや特別サービスを行い、心づかいが伝わることが大切です。購買履歴からお客様に次の商品を奨めるとお客様は喜び、お店のファンになります。

提案企画事例1－顧客満足経営

提案先企業名　御中

提案日

顧客満足経営によるお店のファンづくり提案

提案者部署、氏名

1.提案タイトル	顧客満足経営によるお店のファンづくり提案
2.提案理由	1.お客様の流動が激しく、客層がつかめない ●固定客が8%と少なく、お客様の顔が見えない 2.売上げ変動が大きい ●季節や天候などによる売上変動が大きい 3.新規顧客確保に継続的な広告費がかかる 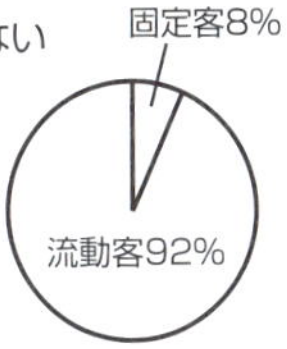 ○○○○調べ
3.対象	半径1km徒歩圏内に居住する主婦層 ●生活レベルは中間層、小家族世帯
4.方法	5つのステップでポイントカード導入を図りファンづくりを行う。 1.「お客様の顔がわかる提案」 ●誰がお客様なのかがわかるお客様名簿をつくり、お客様の顔を覚える。 2.「購買履歴がわかる提案」 ●購買履歴がわかる仕組みをつくる。お客様カードに購買履歴を記入する。 3.「大切にされていることがわかる提案」 ●よく利用いただくお客様に対してポイントでプレゼントや特別サービスを実施。 4.「次の購入商品を勧める提案」 ●過去の購買履歴からお客様に次に購入するとよい商品を提案する。 5.「お店の信頼が得られる提案」 ●1－4の活動を通してお客様の信頼を得ることができる。
5.スケジュール	制度実施　○○○○年○○月 準備期間　6ヵ月間
6.費用	未定
7.効果予測	顧客リスト○○○○名確保、制度導入で前年比10%アップをめざす。
8.添付資料	ポイントカードに関する資料

03 提案企画事例②需要創造提案

需要創造提案のポイント

成熟社会の今、ほとんどの商品が普及し、新商品による需要開拓が厳しい時代です。そのため、新しい工夫による需要創造、需要開拓が重要になります。

その方法としては、例えば、高齢化が急速に進展する日本社会で求められるのは、「高齢者の健康生活提案」があります。また、長寿になる「高齢者の生き方や楽しみ方提案」、さらに「長寿を祝うプレゼント市場」も開拓の余地があります。

需要創造という視点に立てば、生活者の問題点や悩み解決や上質生活提案などにビジネスチャンスが出てきます。

キーワードとしては、「おしゃれライフ提案」「上質生活の提案」「健康生活の提案」「地震や豪雨などの緊急災害対策提案」などです。

生活シーンからの需要創造提案

新ギフト提案

母の日や父の日のプレゼントへの代替商品の開発や新しいギフトマーケットの開発による新規需要の創造を行うもの。高齢者向けに新たな提案が可能。「モノ」から「コト」への提案

花とワインのギフトセット。嫁ぐ日に両親へ時計を、
孫の日で新しい需要開拓を。各種記念日提案
古希（70 歳）・傘寿（80 歳）などのお祝い品の創造提案
緑寿の提案（数え 66 歳に緑の商品をプレゼント）

新ライフスタイル提案

今までにない新しい生活シーンによる生き方の提案をすることで潜在需要を掘り起こす提案

新上質な生活提案：	豊かさにこだわる生活提案、上質の暮らし
男のおしゃれ提案：	父の日の提案、シニアのおしゃれ
コーディネート提案：	ペアルック（お揃いユニット、ペアウォッチ、さりげないお揃いなど）
シニア向け提案：	「バウリニューアル（シニアご夫婦の感謝と愛を誓いあうセレモニー）」「寿写（終活写真撮影）」
おひとり様生活提案：	おひとり様旅行、おひとり様レストラン、おひとり様ライフスタイル
健康生活提案：	メタボ・ロコモ対策、ふくらはぎもみ提案、健康こだわり食品

『安心・安全生活』売り場の提案

①提案の経緯

お店の業績不振が続く小売店経営者から、今までの売り場と違った「需要を創造できる新しい切り口はないか」というリクエストに応えた依頼提案です。

②提案内容とポイント

生活者の関心が高い「安心・安全」をテーマとした切り口で、売り場の提案をしました。健康に気を遣う主婦が商圏に多いことに目をつけた、安心・安全を前面に打ち出す提案です。

- **販売とPRの両面から考え、トライアルコーナー、サンプリングや試用の場を設置する**
- **詳しい情報を求めるお客様には、ホームページと連動させて総合情報の提供をめざす**
- **「安心・安全」をテーマとした売り場にする**

安心・安全に関心の強い主婦を対象に、食品はもちろん、衣料、日用雑貨、住まいなどの関連商品を一緒に販売することで相乗効果をねらいます。安心・安全をキーワードに商品を検索すると、あまり知られていないものでも、良い商品が数多くあることに着目しました。

アイデアレベルの提案のため、この考え方が採用されれば、次のステップとして販売商品のリストアップや収益計画へと進めることになります。

提案企画事例2－新しい切り口の売り場

提案先企業名　御中

提案日

提案者部署、氏名

「安心・安全生活」売り場の提案

1.提案タイトル	「安心・安全生活」売り場の提案
2.提案理由	①生活者の安心、安全への志向が急速に高まっている。 ②安心・安全への関心は食品から、衣料品、日用雑貨、防犯まで拡大している。 ③安心・安全生活にふさわしい商品なのに、認知度が低く、PR不足のため売れていない埋もれた商品が多い。 ④これまで、安心・安全生活をトータルに販売する売り場はあまりない。
3.対象	健康に気を遣う主婦層。 ●知的レベル、生活レベルが高い、都会志向など ●購入理由は、子供の健康、家族の健康など。
4.方法	安心・安全をテーマとした商品や情報を提供するコーナーを設置する。 販売およびネットとの連動を図りPRの場も兼ねる。なぜ安心・安全なのかの情報提供に注力する。 ①食の安心・安全コーナー ②衣料、日用雑貨の安心・安全コーナー ③住まいの安心・安全コーナー ④トライアルコーナー ⑤PRコーナー **売り場イメージ案** 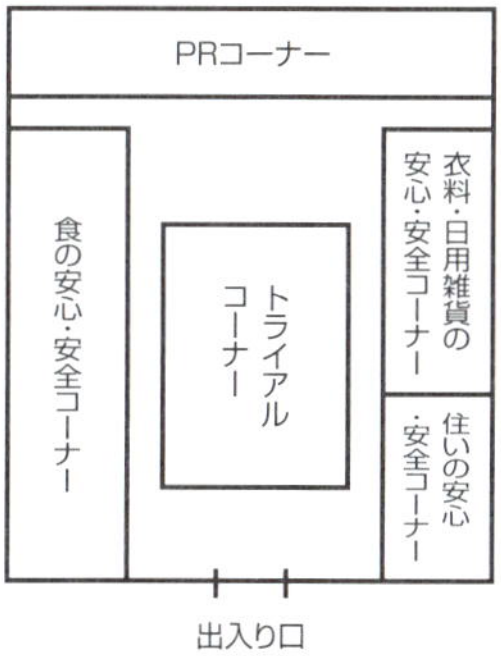
5.スケジュール	○○○○年6月に実施。（準備期間4ヵ月間必要）
6.概算費用	売り場づくりとホームページ立ち上げで　○○万円
7.効果予測	新規売上（商品販売＋広告PR）○○○万円を見込む
8.添付資料	健康に関する調査データ、健康に関する商品一覧

04 提案企画事例③ SNS活用提案

SNS有効活用に対するポイント

ビジネスでのSNS活用法は、口コミで集客することです。集客の目的は企業ごとに変わります。経営課題が売上にある会社は「営業」、人材採用にある会社は「採用」になります。

SNS活用には「ウェブコンテンツの充実」が必要で、次の2つのポイントがあります。

- **1つ目は「テーマを統一すること」。お客様が興味をもつコンテンツにテーマを絞る**
- **2つ目は「宣伝色を排除すること」。他社や業界の関連情報なども発信し、その中で自社の宣伝を時折混ぜて発信することが効果的**

ウェブコンテンツで魅力的な情報を発信し、話題性のあるイベントを口コミで広がりそうな見せ方で開催し集客に繋げる。これをコンテンツマーケティングと呼びます。

「話題性のあるイベント」とは、例えばセミナー、展示会、勉強会、体験型イベントなどです。また、そのときの見せ方が肝心です。

SNS有効活用に対するポイント

ビジネスでのSNS活用は口コミでの集客

1.「ウェブコンテンツの充実」が必要である
～情報として活用されるメディアをめざす～

①テーマの統一：お客様が興味を持ちそうなコンテンツに絞る
②宣伝色の排除：他社や関連する情報も発信

2. 最大のコンテンツは「話題性のあるイベント」

セミナーや展示会、勉強会、体験型イベントなど
コンテンツに関連したイベントを開催する

↓

「ウェブマーケティング」を実施する

デジタルコンテンツで魅力的な情報を発信し、
話題性のあるイベントを、
人気が出そうな見せ方で開催し集客に繋げる。

✕ **商品やサービスの情報を発信**
→宣伝色が強いと、お客様に読まれない

○ **商品やサービスに関連する読み物を発信**
→お客様の興味を惹き、口コミで広がる

SNS活用『コンテンツマーケティング』の提案

①提案の経緯

これは「自社のSNS運営が集客に繋がらない。効果的な対策を実施して欲しい」とのお得意様からの依頼に対し、依頼提案として提出したものです。

②提案内容とポイント

提案のポイントはコンテンツのテーマです。社会貢献活動や人気テーマを深堀りしているコンテンツは口コミで広がります。逆に会社や商品の宣伝色が強くなると敬遠されます。しかし、あまりにも事業内容と離れていると提案先から実現可能性がないと見なされます。

- **まずはイベントを決める。会社の事業や商品に関連したビジネススキルの「ブートキャンプ」（軍隊式トレーニング）や「ミートアップイベント」（ネットで告知して共通の関心事を持つ人が集まるイベント）が始めやすいテーマ。提案先が過去に実施したことがある社内研修など、すでに実績があるリソースを活用する**
- **デジタルコンテンツはイベントと同じテーマで揃えるのが良い**
- **イベント告知をウェブコンテンツ化し、配信する**
- **ウェブ広告には、興味を惹く読み物型のウェブコンテンツを出稿する方法が効果的。**

提案企画事例3－SNS活用提案

提案先部署、役職、氏名　殿

提案日

提案者部署、氏名

SNS活用『コンテンツマーケティング』の提案

1. 現状分析	**SNS運営が集客に繋がらない** ①コンテンツに対する反応率が低い：現在0.3% ②イベント出席依頼に対する出席率が悪い：現在0.5% **課題** ①コンテンツに対する反応率を高める 　　一成約率目標5%（現在0.3%） ②イベント出席の依頼に対する出席率を高める 　　一目標2.5%(現在0.5%)
2. 基本方針	**目的**●ウェブコンテンツで魅力的な情報を発信し、話題性のあるイベントを人気が出そうな見せ方で開催し集客に繋げる **対象**●当該商品の購入見込み客： 30代～40代のウェブコンテンツに興味がある女性 **タイトル　SNS活用『コンテンツマーケティング』** 商品やサービスそのものではなく、魅力的なコンテンツを発信し集客を実現する **実施方法：①コンテンツに対する反応率の向上** **②イベント出席率の向上**
3. 実施方法	●コンテンツの企画・運用 事業や商品に関連するビジネススキルや会社の理念に関連した社会貢献活動などを企画・運営 ●イベントの企画・実施 ディスカッションを目的とした「○○ミートアップ」、教育研修目的の「○○ブートキャンプ」を企画・実施 ●ウェブコンテンツの刷新 ホームページ、ブログ、ウェブ動画、ソーシャルメディア上の投稿、スマホアプリなどを刷新 ●広告プランの策定 新たなコンテンツテーマにあった広告プランを策定しなおす
4. 概算費用	●コンテンツ企画・運用　100～200万円程度 ●イベント企画・実施　20～100万円程度（1回） ●ウェブコンテンツ刷新　200～500万円程度 ●ネイティブ広告プランの策定　要相談
5. 期待される効果	これまでのSNS運営に対し、案件化率が5～10倍

05 提案企画事例④ ウェブ通販の販売促進の提案

ウェブ通販の販売促進に対するポイント

検索エンジン対策でアクセス数を増やすことは容易ではありません。

ではどうすればいいのか、その対策として、競争市場を避け、非競争市場を開拓する方法があります。その背景には、インターネットを利用した購買行動の変化があります。

- **FacebookやLINEの普及で口コミを情報源とした購買行動に変化。本人が知らない素晴らしいサービスや商品を知ることができる**
- **テーマごとの情報発信をするスマホアプリが人気。ユーザーは興味のあるアプリをスキマ時間に閲覧し、情報共有をして、気に入ればスマホから購入**
- **他人が発信している情報を読み物として楽しめ、ついでに購買できる仕組みをつくる**

お勧めは購買機能のついた情報発信アプリをつくることです。情報発信アプリでは宣伝色を取り除いたうえで、商品やサービスを紹介し、アプリ経由で購入できるようにします。

ウェブ通販の販促策

●大手 EC モールに頼っていては利益率が上がらない
●検索エンジン対策は競争市場である

↓

生活者の購買行動の変化

●ソーシャルメディアの普及により、口コミを情報源とした購買行動に変化
●本人が知らない素晴らしいサービスや商品を発見できるのが特徴

↓

スキマ時間を活用できるスマホアプリが普及

●スマホアプリで、テーマごとの情報を発信するサービスが人気
●読み物としてアプリを楽しむ。アプリを通じて「気づき」が得られる

↓

新たな購買行動への対応

●購買機能のついた情報発信アプリをつくる
●他社や業界の関連情報などを含んだ情報を発信
●アプリ経由で紹介した商品やサービスを購入できる

ウェブ通販　販売促進『情報発信アプリ構築』の提案

①提案の経緯

この提案は、ＥＣサイトの収益を上げたいので効果的な提案がほしい、との依頼に対してアイデアレベルの概要を依頼提案したものです。

②提案内容とポイント

提案のポイントは発信する情報の絞り込みです。特定のカテゴリで括《くく》った狭い範囲のテーマ、例えば「商品×ファッション」「商品×アウトドア」「商品×クールジャパン」というような自社商品と人気のあるテーマとのコラボレーションをする企画を提案します。過去のコラボレーション企画とは違い、情報発信を主目的としています。

手法を提案するのではなく、具体的なイメージを提案先企業に持って頂くことが重要です。また、運用イメージも湧きづらいので具体的なコンテンツ候補を見せることが、提案実現への近道となります。運用の流れを明確にすることも安心に繋がります。お客様はソーシャルメディアに抵抗を感じていることも多く、リスクを取りたがらない傾向が強いのです。ウェブ上の無数の情報から選んだテーマに関連する情報を取捨選択し、解説やコメントなど独自の情報を加えて再配信する過程を明確にする必要があるのです。

提案企画事例4ーウェブ通販の販促策

提案先部署、役職、氏名　殿

提案日
提案者部署、氏名

ウェブ通販 販売促進『情報発信アプリ構築』の提案

<table>
<tr><td rowspan="2">1.現状分析</td><td colspan="2">自社ECサイトの売上が伸び悩んでいる
①大手モールに出品した商品の売上は伸びている
②自社ECサイトへのアクセス数が少ない</td></tr>
<tr><td colspan="2">課題
①大手モールとの検索キーワード競争に勝てない
②自社ECサイトへのアクセス数が少ない</td></tr>
<tr><td rowspan="3">2.基本方針</td><td>目的</td><td>対象</td></tr>
<tr><td>情報発信アプリを通じた新たな購買行動を喚起する</td><td>情報発信のターゲット</td></tr>
<tr><td colspan="2">タイトル　『情報発信アプリ構築』
情報発信アプリを通じた新たなターゲット層への訴求
実施方法：①情報発信アプリの企画・構築
②発信する情報の取得・編集・再発信</td></tr>
<tr><td rowspan="3">3.実施方法</td><td colspan="2">●マーケティング調査
自社の商品やサービスから情報発信アプリに適した商品やサービスを選定する
●情報発信アプリの企画・構築
ファッション、アウトドア、クールジャパンなど、人気テーマとのコラボレーションアプリを企画・構築
●情報発信の運営
発信する情報の取得・編集・再発信</td></tr>
<tr><td colspan="2">概算費用
●マーケティング調査　100～200万円程度
●情報発信アプリ企画・構築　1000～3000万円程度
●情報発信アプリ運営　30～100万程度（月額）</td></tr>
<tr><td colspan="2">効果
特定商品のECサイトで成功事例をつくり、全商品の販促を変えるきっかけになる</td></tr>
</table>

06 地域活性化提案
提案企画事例⑤

地域活性化の提案のポイント

地域活性化や地方再生の言葉が盛んに叫ばれています。また、そのキーワードに反応して、市民目線の活動も増えており、多くの有識者が解決の糸口を探ろうとしています。

しかし、大部分の取り組みは通学路や公園の整備など特定の課題に注目しており、地域全体で発生している複合的な課題を見据えた内容でないことが多いのが実情です。

次の3つのポイントを、課題を考える際に取り入れるのが効果的でしょう。

- 地域活性化の提案を行う上で重要なことは、多くの自治体が定める総合計画書のどのポイントに沿って記載しているかを明確にすること
- 国がどのような政策を公表しているかを参考にしながら、課題解決の方法を提案するのも有効な方法
- 行政がその提案を選んだ理由を市民や監査機関に説明できる内容であること

地域活性化提案で重要なこと

《現状分析》

その地域にある良い点や悪い点をピックアップして、その繋がりを検討する。

《課題設定》

地方自治体が認識している課題と、現状の分析から抽出された課題を分析し、地域活性化提案に繋がるような課題をピックアップし整理する。

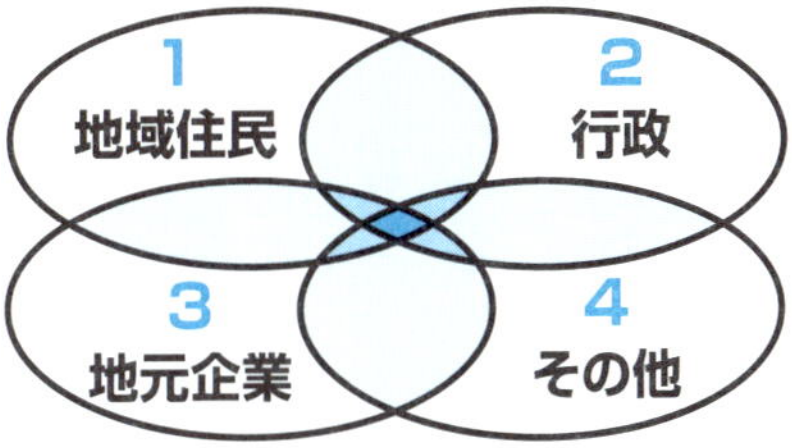

4組の対象者がどんな課題を持ち、その課題がどのように関わっているかを整理する。

《目標設定》

設定された課題に対して、どのような目標で対処するかを定義する。

《呼称決定》

目標がイメージできる呼称を決定する。

《基本方針》

目標に対してどのようなアクションプランで進めていくのかを決める。

『明日が楽しみだと思えるまちづくり』提案書

①提案の経緯

この提案は、ある地方自治体が、大学の周辺整備に伴う土地区画整理事業を進めるにあたって、どのようなまちづくりのプランがあるかの意見を求めた際の提案書事例です。

②提案内容とポイント

多くの地方自治体では将来の街づくりの方針を示した総合計画書が整備されています。地方自治体の中長期計画は、この総合計画書にもとづいて実行されていきます。

- **町の特徴、町づくり計画と社会環境の変化から4つの課題を発見する。4つの課題の例:「大学の魅力」「農業文化」「農業資産」「地域コミュニティ」**
- **目標にもとづき「明日が楽しみだと思えるまち「未来タウン『輝き』」とネーミングする**
- **基本方針として「6つのゾーンと、繋がりを生み出す遊歩道」で構成する**
- **対象は「地域住民」「未来住民」を独自に設定する**

今回の事例では、具体的な計画に対してどのような課題があり、どのような方針をもって課題を解決するかの方向性を提案しました。

提案企画事例5 ―地域活性化提案

提案先町名　御中

○○町
明日が楽しみだと思えるまちづくり

「未来タウン『輝き』」

提案書

2015年00月00日

株式会社　○○○○

2. まちづくりの目標

[1] 目標設定

■まちづくり目標

「立地特性から、多様な家族や学生、産業、農業が往来し、
○○町の新たな賑わいを創出する地区として整備する」

■まちづくりコンセプト

『明日が楽しみだと思えるまち』を基本的な考え方に
1.『エネルギー自給率 100%のスマートコミュニティ』
2.『三世代が安心・安全に暮らせるまち』
3.『ふれあい農業がつなぐまち』
この3つを実現するまちづくりをめざす。

[2] 名称

明日が楽しみだと思えるまち
「未来タウン『輝き』」
安全・安心でふれあいのある町
日本の未来につながる、豊かで生き生きとした町

[3] 基本方針

■6つのゾーンと繋がり生み出す遊歩道

まちを特色ある6つのゾーンに分け、
それぞれが目的を持って往来できる仕組みをつくる

■対象設定　地域住民(農家、学生、地域で生活する人)
未来住民(コンセプトに賛同し、これから住む人、
Iターンする若者やアクティブシニア)

明日が楽しみだと思えるまちづくり「未来タウン『輝き』」提案書　P2

1.○○町のまちづくり計画とまちづくりの課題

1.00町のまちづくり計画とまちづくりの課題

[1] 現状分析

1.○○町の現状

■大学がある街
●創立20年の農業系大学がある。
●学生が集まる町である。

■農業の街
●農業地帯で栽培される野菜は質もよい。農業資産として水路がある。

■地域のまとまりがない
●地域の人、学生などが生活しているが、まとまりに欠ける。

2.社会環境

■少子高齢化が進む
●日本は超高齢化社会に進んでいる。
●人口が減少し続ける。

■地域が弱体化している
●一極集中化が進み、地域が弱体化している。
●このままでは地域社会が衰退化する。

■まちづくりが急務である
●地域活性化することが急務である。
●各地でまちづくりが進められつつある。

★○○町のまちづくり計画★

①農業系大学の周辺を新市街地として整備
②農業系大学立地を活かした新産業を誘致
③新しい形のコミュニティ形成

[2] 課題発見

まちづくりの4つの課題
この提案では○○町のまちづくりに4つの課題を設定しました。

①大学の『知』『活力』をどのように活かすか
②農業文化をどうやって継承するか
③農業資産(水路)をどう活かすか
④『民』『産』『学』が集うコミュニティをどうつくるか

明日が楽しみだと思えるまちづくり「未来タウン『輝き』」提案書　P1

4.6つのゾーンと繋がりを生み出す遊歩道の内容

4. 6つのゾーンと繋がりを生み出す遊歩道の内容

[1] 実施内容

1. 防災・コミュニティゾーン

- 太陽光発電・小型水力発電で生み出された電気は、公園地下にある地下の蓄電設備に備蓄される。
- 駐車場はEV充電スタンドも整備、日常的に利用。
- 公園ではコージェネレーションを利用した発電。
- 非常時には防災拠点に必要最小限の電力以外は災害用に利用される。

2. エコタウン居住ゾーン・ウエストサイド

- 二世帯住宅専用地。土地面積がやや広めに。
- 建築協定で全戸に太陽光発電パネルと蓄電設備の設置が義務付けされ街並みも統一。
- 通り抜けできない構造で道路が整備され、子供の遊び優先のエリア。
- 地域内に設置されたWi-Fiにより、家族の位置を確認。主要な場所には防犯カメラも設置されている。

3. エコタウン居住ゾーン・イーストサイド

- 一般的世帯の専用地。土地面積は概ね50坪に固定。
- 全戸に太陽光発電パネルと蓄電設備設置が義務付け。
- 通り抜け出来ない構造の道路。子供遊び優先エリア。
- Wi-Fiにより、家族の位置を確認。防犯カメラも設置。

4. コラボレーション農業ゾーン

- 大学ではシニア向けの農業講座が開設。農業ゾーンの区画を借用し、農業体験も。
- 農業区画は一般開放。希望者は借用が可能。
- 農業系企業が立地し、試験栽培等の実験を行う。
- 実りの時期には野菜狩り、果物狩りを楽しめる。

5. Iターンシニア定住ゾーン

- Iターンシニア定住ゾーンは大都市圏からの移住を意識。
- 新コンセプトで作られた町並みはシニアの心をとらえるような民間業者の公募によって設計・整備。
- 大都市圏に本社または支社を持つ業者が選定されIターンを後押ししている。
- 商業施設・農業ゾーン隣接、アクティブシニアが定住。

6. 商業施設・低層集合住宅誘致ゾーン

- 『車のいらない街○○○○』のこのゾーンは、近隣の人が徒歩で出かけることを想定した街並み。シニア世代でも買い物に困らない街を実現している。
- 診療所も併設され地区内唯一の賃貸住宅。学生を意識したシェアハウス、シニアを意識したバリアフリー等、個性のある空間を実現。

■遊歩道ゾーン

- 遊歩道は全天候型、屋根には太陽光発電パネルが設置されている。
- 共同溝が埋設され、防災・コミュニティゾーンまでのインフラのすべてを束ねており、避難時にも重要な導線となっている。
- **ほとんどの経路が用水に隣接。四季を感じることのできる未来タウン「輝き」の重要要素。**
- **小型水力発電のメンテナンス道路としても利用されている。**

明日が楽しみだと思えるまちづくり「未来タウン『輝き』」提案書　P4

3.6つのゾーンと繋がりを生み出す遊歩道

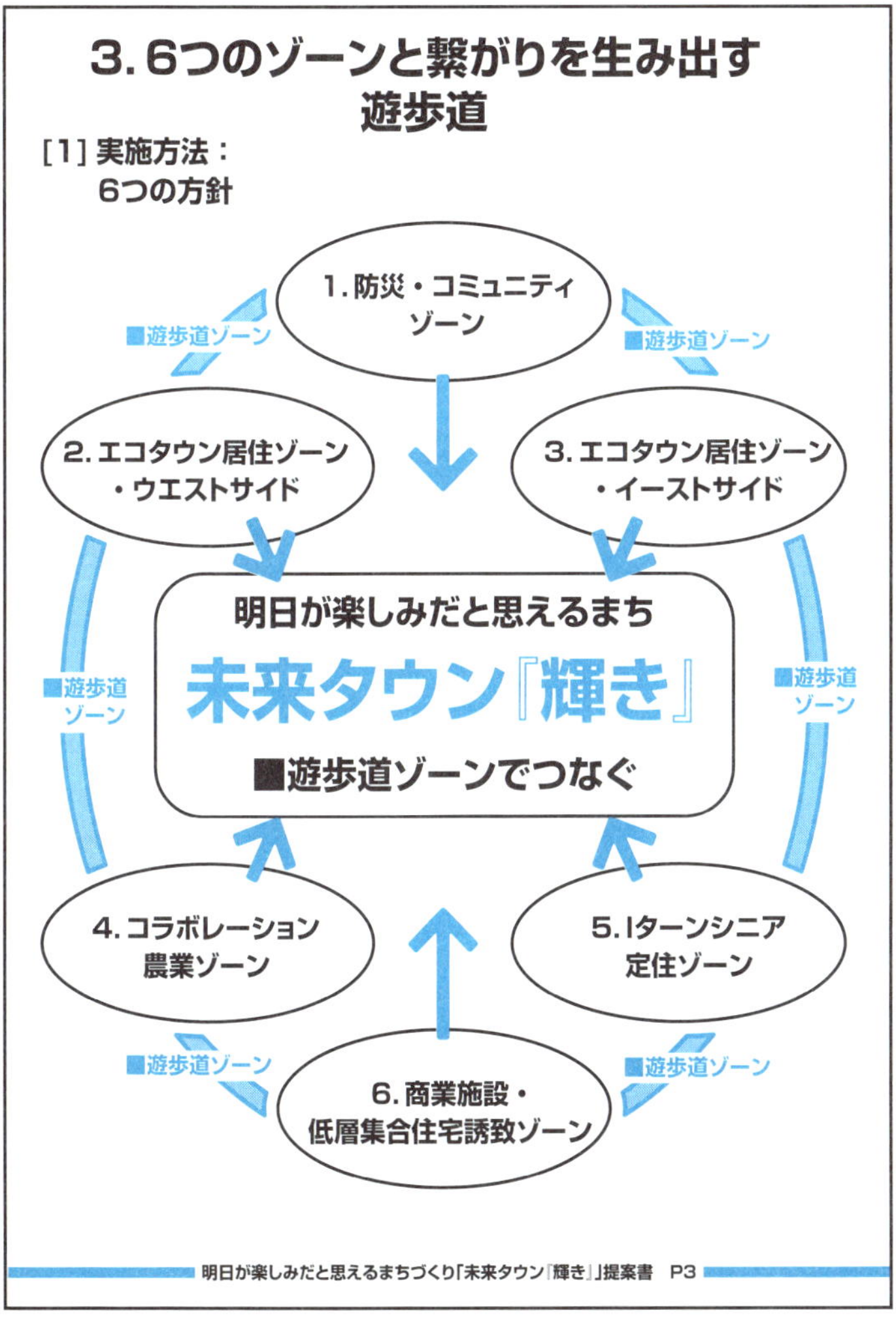

07

提案企画事例⑥ 元気シニアビジネス提案

■シニアビジネス需要開拓のポイント

団塊世代が65歳以上に達し、わが国のシニア人口は3300万人を突破、総人口に占める割合も2015年には27％に達します。ますます高齢化が進みます。

当然、そのシニア市場をビジネスとしてねらう企業も増えてきます。人口は増加するものの、シニアは世代やライフスタイルが多様化していますので、簡単には市場を獲得できないのが現実です。安易に参入し、失敗する企業も出ていますので、事業戦略をしっかり立て参入することが大切です。

- **成熟社会でのシニア市場開拓は「モノ」である商品から入らず、「コト」として生活者の生き方、ライフスタイル提案を行う**
- **高齢化すると「健康に支障をきたす」ため、健康が重要なビジネスのキーワードとなる**
- **定年後の人生が長くなるため、新しい発想による「需要創造」が重要となる**

シニアの8つのライフスタイル分析

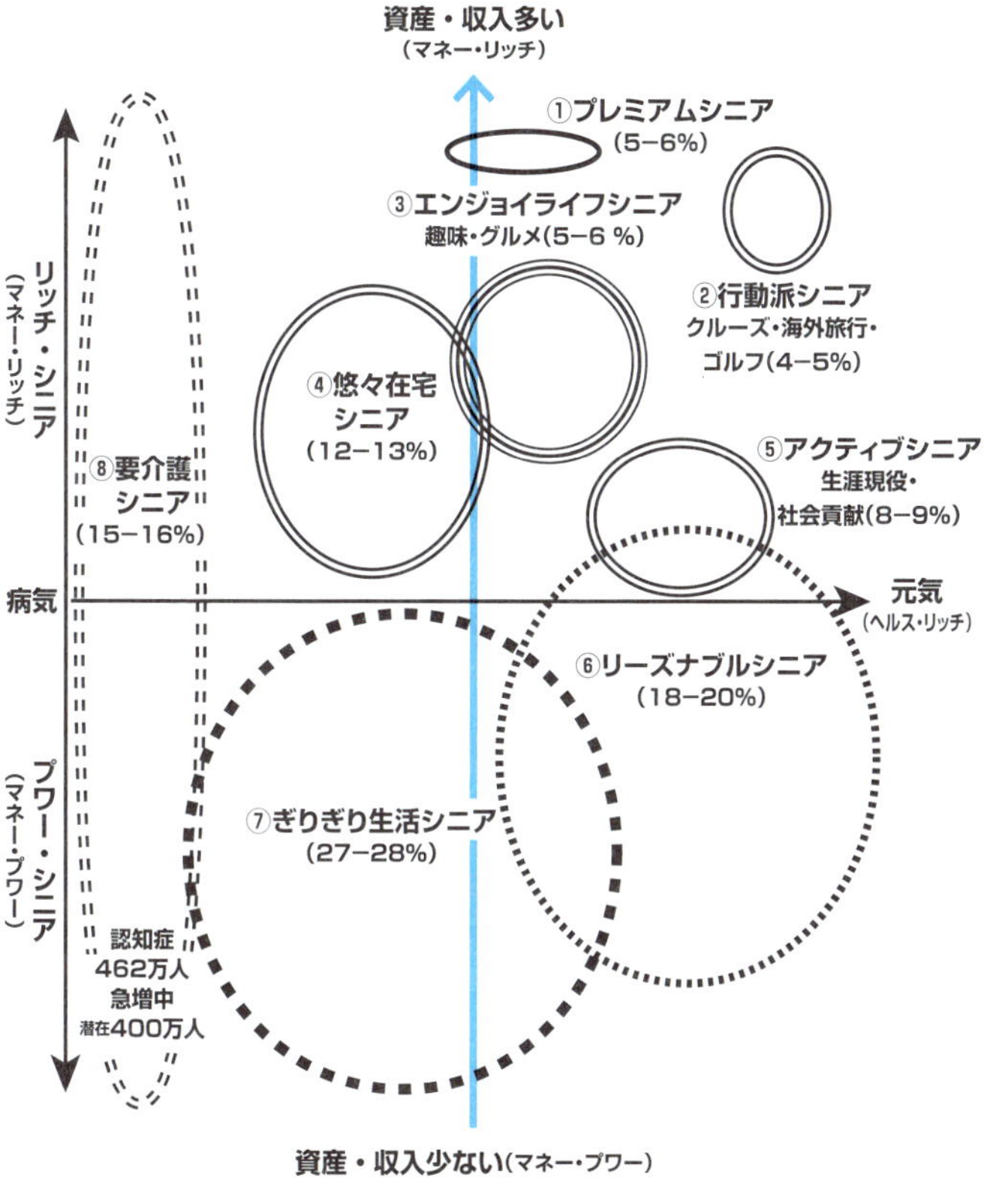

制作・著作　富田眞司
2014年5月改訂
注：シニアの関心が高い「健康」と「資産収入」の2軸をポジショニングマップ化し、その上に8つのライフスタイルを配置。全体でのシェアを示す%表示は筆者の仮説による推定

『元気シニア市場への参入支援』提案書

①提案の経緯

この企画は、シニアを元気にすることを目的に創立した「日本元気シニア総研」が、シニアビジネスを展開する起業家や、新規参入する企業向けに、シニアビジネス需要を獲得するために作成した提案書です。

②提案内容とポイント

成長するにもかかわらず、ビジネスノウハウが確立されていないシニア市場には、大きなビジネスチャンスがあります。シニアにとっては健康が最大の関心事になるため、「元気シニア」をキーワードに、シニア向けビジネスを展開する企業に支援活動を行う提案です。

- 元気シニア市場のビジネス支援が総研の目的である
- 総研のコンセプトはGTI（元気で楽しく生きがいをもって）でPPK（ピンピンコロリ）を実現する
- 元気シニアを元気シニア倶楽部として組織化をはかる
- シニア市場をねらう企業にビジネスノウハウを提供する
- 企業向けと元気シニア向けの2つのホームページで活動を展開する

提案企画事例6—元気シニアビジネス提案

○○○株式会社　御中

「元気シニア市場への参入支援」のご提案

ー日本元気シニア総研開設企画書ー

一般社団法人　日本元気シニア総研

2.日本元気シニア総研の活動方針

2.日本元気シニア総研の活動方針

**元気シニアを目指す高齢者への応援と
元気シニア向け事業を行う企業・団体を支援する**

GTI 元気シニアをめざす高齢者を応援する

**1.元気シニアの情報収集と
元気シニア向け情報を提供する**

**①元気シニアの情報収集と
そのデータベース化を行う**
- 3年間で10万人の元気シニア情報を集める。
- 元気シニアのライフスタイル情報を収集する。

②元気シニア向け情報を提供する
- ホームページ、メルマガで情報を定期的に提供する。
- 目的に合わせ、元気シニアに役立つ情報を提供する。

**2.元気シニアに役立つ勉強会や
イベント活動で仲間づくり応援する**

**①元気シニアに役立つ勉強会やイベント活動を
普及させる**
- 日本元気シニア総研主催の勉強会を開催する。
- サイトやメルマガでシニア向け勉強会を告知する。

②元気シニアが増えるよう、仲間づくりを応援する
- 元気シニアに役立つ勉強会の講師を派遣する。
- 雑誌の企画・制作やコンテンツを提供する。

3.元気シニアが活躍できる場を提供する

①仕事、NPOなど、活躍できる場を提供する
- 意欲があるが活躍する場がない元気シニアに活躍できる情報や場を提供する。
- 仕事、NPO、趣味、スポーツなどの情報を提供する。

GTI 元気シニア向け事業企業を支援する

**1.元気シニア向けビジネスや
商品企画を支援する**

**①元気シニア向けビジネスに対する相談や
コンサル活動を行う**
- 新規参入企業に勉強会、相談・コンサル活動を行う。
- すでに進出している企業の事業拡大に向けた相談・コンサル活動を行う。

**②元気シニアに役立つ商品企画支援やモニター活動、
リサーチ活動を行う**
- 元気シニアに役立つ商品企画への支援活動を行う。
- モニター、リサーチ、コンシェルジュなどを実施する。

**2.元気シニア向け商品・サービスの
普及活動を支援する**

**①元気シニアに役立つ商品やサービスが普及
するよう販促活動を支援する**
- 商品普及のための各種販促活動を支援する。
- 組織化、購入継続、新規顧客を獲得などの販促手法を提案・実施する。

**②「認定商品」「推奨商品」を認定し、シニアを
元気にする価値ある商品をバックアップする**
- 日本元気シニア総研「認定商品」は、マークの使用、サイトでの紹介など、多面的にバックアップする。
- 日本元気シニア総研「推奨商品」は、ホームページ告知、マーク使用による認知拡大などのバックアップを行う。

GTI(G: 元気で、T: 楽しく、I: 生きがいをもって)でPPKをめざす

**元気シニアの仲間づくり
3年で10万人参加目標**

2

1.日本元気シニア総研設立のねらいと考え方

1. 日本元気シニア総研設立のねらいと考え方

★現状分析

日本は超高齢化社会で新しい対応が求められている

わが国の65歳以上の高齢者は3000万人を突破し、超高齢化社会を迎えています。人が長生きする長寿社会そのものは、素晴らしいことです。

元気で健康な高齢者が増えれば、社会の活性化に繋がりますが、認知症や要介護者が増えれば、国や国民は負担を余議なくされます。

認知症人口は462万人（2012 年時点）、認知症になる可能性がある軽度認知障害の高齢者予備群は400万人もいます。今後、さらに増え続けることが予測されています。当然、要介護者も増え続けます。これでは、国は立ち行かなくなります。今、日本に求められるのは、「元気で健康な高齢者」をいかに増やすかにあります。

★設立目的

元気シニアを増やすため「日本元気シニア総研」を設立する

私たち日本元気シニア総研は「日本に元気シニアを増やすこと」を目的にしています。元気シニアが増えれば医療費や介護費用など福祉関連費用の削減にも通じます。そのために、シニアが元気になるための各種研究や各種活動を実施するものです。さらに、元気シニアを増やすために「日本元気シニア倶楽部」開設、3年で10万人の仲間確保をめざします。

★基本的コンセプト

GTI(G: 元気で、T: 楽しく、I: 生きがいをもって)でPPKを実現させる

日本の高齢者は、PPK(P: ピン、P: ピン、K: コロリと「病気に苦しむことなく、元気に長生きし、病まずにコロリと死のう」と願っている人が沢山います。

が、実際は NKM(N: 認知症になり、K: 介護生活をおくり、M: 看取られ)で、死んでいく人がほとんどです。これからは、GTI(G: 元気で、T: 楽しく、I: 生きがいをもって)で PPK を達成したいものです。

私たちは、日本元気シニア総研の活動を通して、元気で楽しく生きがいをもって、活躍するシニアが増えることを期待して活動を展開します。

2013 年10月10日
一般社団法人　日本元気シニア総研

1

4.日本元気シニア総研の活動目的

4. 日本元気シニア総研の活動目的

応援対象	支援対象
GTI 元気シニアをめざす高齢者	**GTI 元気シニア向け事業実施企業**
★シニアが元気になるお手伝いー もっと健康になりたいシニア。 もっと仲間を増やしたいシニア。 もっと働きたいシニア。 もっと活躍したいシニア。 もっと楽しく生きたいシニアなど。	★シニアビジネスの課題解決のお手伝いー シニアの実態がつかめない。 シニアの集客ができない。 シニア向け販促策がうまくいかない。 シニア向け商品企画がうまくいかない。 シニア向けコンテンツがないなど。
シニアが元気になるお手伝い	**シニアビジネス課題解決のお手伝い**

5. 日本元気シニア総研の活動内容

対象に合わせた、2つのホームページ

元気シニアをめざす高齢者
元気シニア倶楽部

元気シニア倶楽部活動

- 元気シニア倶楽部の集い
- 料理教室協賛
- マジック教室協賛
- イベント協賛
- 元気シニアカレッジ
- 女性の会協賛

元気シニア向け事業
実施企業

日本元気シニア総研活動

- 事業支援、企業協賛
- 認定・推奨マーク
- ビジネスセミナー
- コンテンツ提供、講師派遣
- 企画提案
- バナー協賛

4

3.日本元気シニア総研のコンセプト

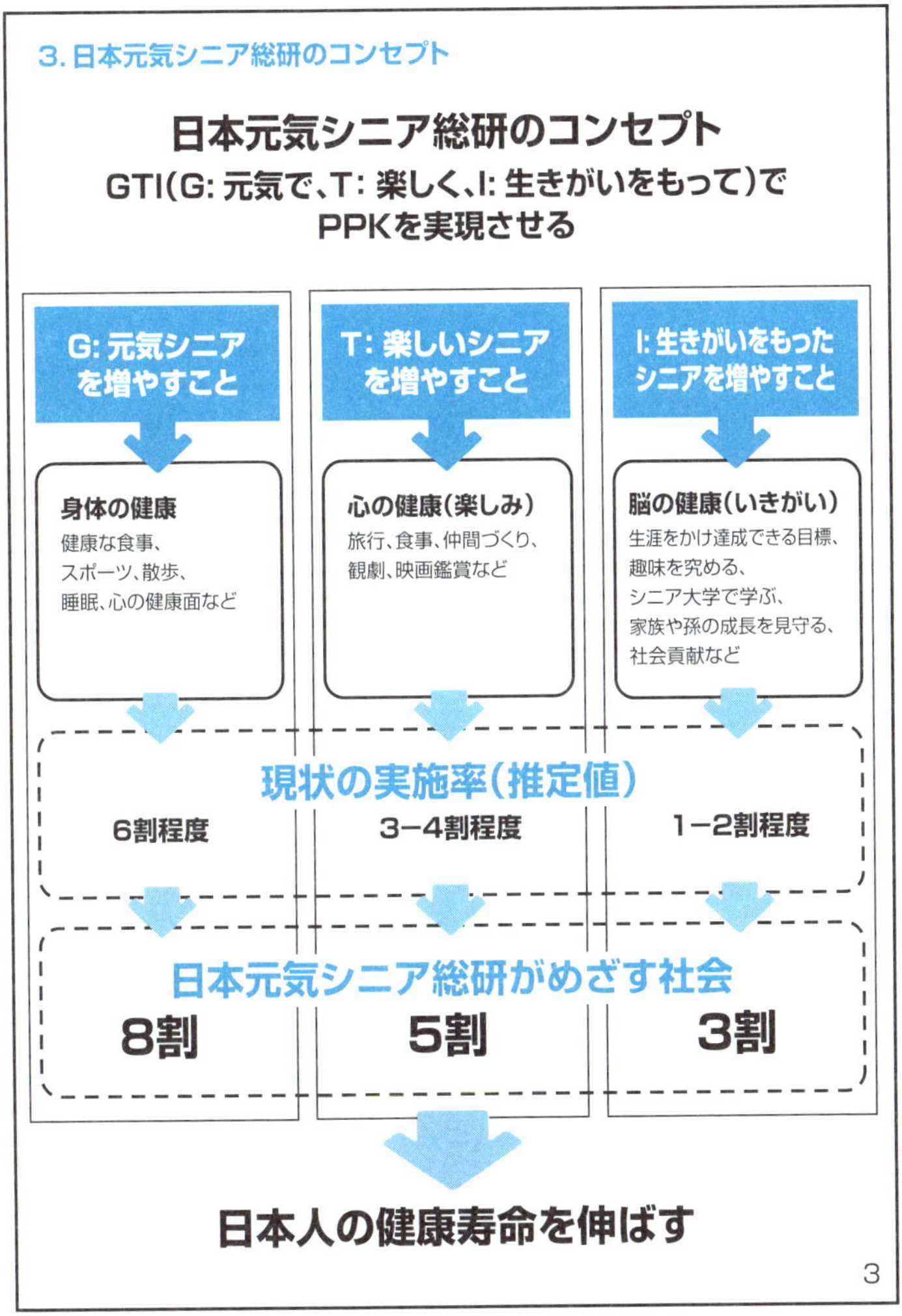

おわりに

激変時代の今こそ、提案書・企画書が必要不可欠である

成熟社会の上、天候不順や地震などの災害がいつ起きるかわからない日本、まさに激変時代の今こそ、提案書・企画書が必要不可欠な時代です。その時代のニーズに合った新しい視点での提案が求められるからです。

10年前に執筆した『提案書・企画書がスラスラ書ける本』が皆様のご支援を頂戴し、ロングヒットとなりました。10年目を迎えるにあたり、内容を一新し、時代のニーズに合わせ、新しい提案書・企画書の書き方の本として出版しました。

本書の制作にあたり、磯部一郎様、高谷良二様に多大なご協力をいただきました。両名に、紙面を借りて、御礼申しあげます。

提案書・企画書を早く書く5つのノウハウ

結びに変えて、筆者が提案書・企画書作成で実践していることを参考までにお話しします。

①「好奇心旺盛」に「問題意識」を持ち続けること

企画を作成する人は、「常に好奇心旺盛」であって欲しい。企画には、新しい情報が必要

不可欠だからです。それには、問題意識をしっかりと持つことがカギになります。自分にとって何が必要かを明確にすることです。

②「自分だけのデータベースをもつ」こと

情報は毎日、あらゆるところから入ってきます。その情報のなかから自分にとってどのように役立つかを整理し「マイデータベース」とします。そうすることで、いつでも必要な情報を引き出すことができ、スピード提案が可能になります。

③「3つの頭の切り替え」を行うこと

提案書・企画書を作成する際には、「情報収集頭」「企画頭」「まとめ頭」の3つの頭の使い分けが肝心です。これらを明確に使い分けることが、提案書・企画書作成に求められます。

④「もっと良い知恵が出せる」と常に前向きに考えること

提案書・企画書を作成する際に、難しいと考えると書けなくなります。「もっと良い知恵が出せる」と思えば、知恵は出てきます。常に、前向きに考えることが大切です。

⑤「提案書・企画書は最後に書く」こと

あわてて提案書・企画書を書かないこと。アイデア段階では、メモをしっかり取り、提案の全体像が明確になった段階で初めて、提案書・企画書を書き始めます。あわてて書くと、何度も書き直しになり、かえって時間がかかってしまいます。

【著者紹介】
富田　眞司（とみた・しんじ）
◉——名古屋大学卒。マーケティング・プランナー。販促企画、提案営業、シニアマーケティングなどが専門分野。三晃社、野田合板、エムエー、デルフィスなど、広告代理店、企画会社、メーカーの企画・販促・マーケティング部門を経て、2002年７月にＣＳＮ企画を設立、代表に。
◉——2013年「日本元気シニア総研」を立ち上げる。豊富な経験を活かし、企業やシニアに向けて、「ＧＴＩ（元気で、楽しく、生きがいをもって）でＰＰＫ（ピンピンコロリ）」をテーマに、講演、執筆、コンサルティング、各種企画立案などを行う。
◉——著書に、『Ａ４・１枚究極の企画書』『Ａ４・１枚最速の企画書テンプレート』（ともに宝島社）、『提案営業の企画とヒント』（日本実業出版社）、『52の販促手法　9の事例　7のテンプレートでつくる企画書』（翔泳社）、『ラクに書けて 通る企画書 77のルール』（すばる舎）など多数。
◉——「商業界」「ストアジャーナル」「販促会議」「月刊ぎふと」などの雑誌に、販促や企画、シニアマーケティングに関する執筆を行う。講演活動では、企業経営者、マーケティング担当者向けの講演をはじめ、「提案型企画書づくり講座」の講師、企業やシニア向けに「元気シニアマーケティング」に関する講師を務める。

提案書《ていあんしょ》・企画書《きかくしょ》の基本《きほん》がしっかり身《み》につく本《ほん》　〈検印廃止〉

2015年２月16日　　第１刷発行

著　者——富田　眞司Ⓒ
発行者——齋藤　龍男
発行所——株式会社かんき出版
東京都千代田区麹町4-1-4 西脇ビル　〒102-0083
電話　営業部：03(3262)8011㈹　編集部：03(3262)8012㈹
FAX　03(3234)4421　　振替　00100-2-62304
http://www.kanki-pub.co.jp/

印刷所——シナノ書籍印刷株式会社

ISBN978-4-7612-7066-7 C0030